Katharina Hohmann | Ambroise Tièche
Fritz von Klinggräff

111 Orte in Genf, die man gesehen haben muss

111

emons:

Bibliografische Information der Deutschen Nationalbibliothek
Die Deutsche Nationalbibliothek verzeichnet diese Publikation in der Deutschen Nationalbibliografie; detaillierte bibliografische Daten sind im Internet über http://dnb.d-nb.de abrufbar.

MIX
Papier aus verantwortungsvollen Quellen
FSC® C043106
FSC
www.fsc.org

Übersetzung der französischen Texte ins Deutsche: Franziska Weyer
Layout: Eva Kraskes, nach einem Konzept von Lübbeke | Naumann | Thoben
Kartografie: altancicek.design, www.altancicek.de
Kartenbasisinformationen aus Openstreetmap, © OpenStreetMap-Mitwirkende, ODbL
Druck und Bindung: Grafisches Centrum Cuno, Calbe
Printed in Germany 2020
ISBN 978-3-7408-0835-8
Originalausgabe

Vorwort

Das Transitorische des Schweizer Westzipfels verbirgt sich dem, der ihn umstandslos und einsilbig als »Genf« der deutschen Schweiz zuschlägt. Denn Geneva hat den Römern, den Savoyern, den Franzosen, hat all ihren gefrässigen Nachbarn immer widerständig die Treue gehalten. Nicht zuletzt ihre Cafés und ihre städtische Architektur eines französischen *fin de siècle* geben dieser späten Eidgenossin am Ausfluss des Lac Léman in die Rhône einen Hauch Mediterranes. Die Provinz verspürt hier den Hang zum Globalen.

Nicht zufällig also hat in dieser Minimetropole mit der vibrierenden Hautfarbe von fast 50 Prozent Nichtschweizern die internationale Zusammenarbeit ihr Zuhause gefunden. Der ewige Stadtstaat ist mit seiner UNO sowohl Sehnsuchtsort nach der Einigkeit der Verschiedenen als auch Infiltrationsort aller Expats dieser Welt – und ihrer Verlorenheit. Von Cäsar bis zum Weltbürger Rousseau, von Europas Grossbürgerin Germaine de Staël bis zu Mary Shelley und ihrem wandernden Monster. Und heute: von den Rohstoffhändlern auf den Weltmeeren bis hin zum Welthunger-Botschafter Jean Ziegler im Weindorf über der Stadt. Nicht zu vergessen den dunklen Calvin, der aus dem europäischen Marktflecken eine Festung machte und zugleich den puritanischen Grundstein für ihren Umbau 500 Jahre später legte – zur Hochburg des Finanzkapitalismus.

Wir drei Autoren waren diesem Ort mit ganz unterschiedlichen Schatzsuchen auf der Spur. So kann es kein Zufall sein, dass er, der Hiesige, Ambroise Tièche, sich den Monolithen sowie dem Naturschönen in den ewigen Kunstwerken – aber auch der Alternativkultur – verschrieb; sie hingegen, Katharina Hohmann, eher den Klängen dieser Stadt, ihren Tea Rooms und Parfümwolken verfiel und Fritz von Klinggräff, das Nordlicht, melancholisch dem Tsunami über der letzten Burg des Internationalismus huldigt.

111 Orte

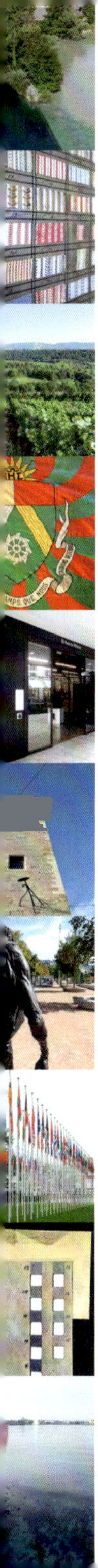

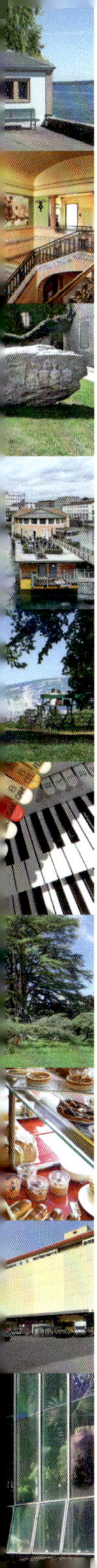

1 Alto im Grand Théâtre

1.200 Sterne am Theaterhimmel

Mit 22 Jahren kam der Krakauer Kunststudent Jacek Stryjenski über Zürich und Warschau 1942 an die Genfer Kunsthochschule. Sein Grossonkel, Alexandre Cingria (Bruder des lesenswerten Reiseschriftstellers Charles-Albert Cingria), nahm ihn zu sich ins Atelier. Berühmt wurde Cingria für seine farbigen Bleiglasfenster – und durch die drei grossformatigen Mosaiken (1949) unter dem ehemaligen Arsenaldach »Les Armures« vor dem Rathaus.

Stryjenskis Meisterwerk aber ist der Himmel über dem Zuschauerraum im Grand Théâtre. 1879 erbaut, fiel das Gebäude 1951 einem Brand zum Opfer: Bei Proben zur »Walküre« hatten sich auf der Bühne Feuerwerke selbstständig gemacht. Den Wettbewerb für die Gestaltung des Zuschauerraums gewann Stryjenski mit seinem Entwurf »Alto«: 252 Aluminiumreliefs, die mit Blattgold, -kupfer und -silber überzogen und mit über 1.200 unterschiedlich geformten, verschieden grossen Öffnungen für Lichter durchsetzt sind. Monumental hängt dieser eiserne Himmel über den Köpfen der Zuschauer und lässt beim Betreten nicht nur der steil aufsteigenden Ränge erschauern. Die überwältigende künstlerische Fertigkeit und, bei aller Grösse, Feinheit der Ausführung lässt fast vergessen, dass man eigentlich gekommen war, um nach vorne auf die Bühne zu blicken. Diese wird erst dann freigegeben, wenn der imposante, zum Sternenhimmel gehörende, vergoldete Weltenvorhang weicht, um unsere Blicke auf die, immer vergleichsweise filigran erscheinende, Bühnenwelt zu lenken.

Jacek Stryjenski hat sein Werk übrigens nie gesehen. Kurz nachdem er den Entwurf eingereicht hatte, verstarb er mit gerade einmal 38 Jahren. Seine Frau Danuta hat dafür gesorgt, dass »Alto« innerhalb von 18 Monaten ausgeführt wurde. Und immer noch erlöschen die Sterne, damit sich die Nacht in den Saal senken kann, um Musik, Oper und Theater ihrem magischen Raum zu übergeben.

Adresse Boulevard du Théâtre 11, 1211 Genf | **ÖPNV** Bus 3, 5, 19 und Tram 14, 15, Haltestelle Théâtre | **Öffnungszeiten** siehe unter geneveopera.ch | **Tipp** Im Grand Théâtre werden ab einer Stunde vor Einlass an drei verschiedenen Bars, von der Blue Bar im Kellergewölbe aufwärts, Getränke ausgeschenkt und feine Snacks verkauft.

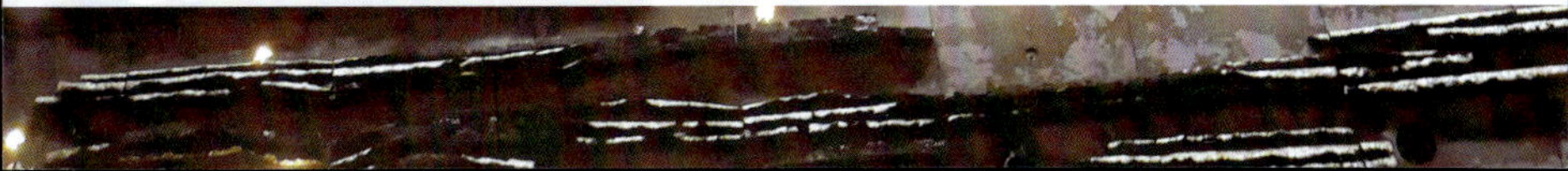

2 An der Allondon

Baden, wo sich die Füchse gute Nacht sagen

Nahe der Mündung der Allondon in die Rhône liegt eine kleine Badestelle, die so charmant und bezaubernd ist, dass man verlockt ist, sie niemandem weiterzusagen. »Ach nein, bitte nicht!«, ist denn auch der Kommentar des jungen Vaters, der seinen jauchzenden einjährigen Sohn über die springenden Fluten hält. Also, erzählen Sie es nicht weiter! Denn es ist vor allem die Badestelle derer, die hier zu Hause sind: In La Plaine, in Dardagny, vielleicht auch noch in Russin, den Weindörfern südlich der Stadt. Unter den hohen Bögen einer alten Eisenbahnbrücke versammeln sie sich: Motorradgangs neben Kleinfamilien sowie vereinzelte Sonnenanbeter, Studenten, Teenies. Sie hocken friedlich vereint nebeneinander auf dem rundgewaschenen Felsgestein der Allondon, die hier über kleine Treppen auf ihren letzten 100 Metern gen Rhône wirbelt.

Von La Plaine her über den staubigen Chemin de l'Ancienne-Forge kommend, quert man am besten schon an dieser Stelle barfuss die Allondon, um ihr dann auf einem schmalen Trampelpfad bis zum Ende zu folgen. Auf Sandbänken in der Flussmitte sieht man noch einmal letzte Badegrüppchen, bevor sich die glasklare Allondon in der durch den Arve-Zufluss stark ergrauten Rhône verliert.

Sie aber sollten dem Fussweg ruhig weiter folgen, auch wenn er sich nun nach links an der Rhône im Nichts des Schilfs zu verlieren scheint. Schon nach wenigen Metern findet man sich in den einsamen Sümpfen der Teppes de Verbois wieder, einem Naturschutzgebiet von acht Quadratkilometern Umfang. Links und rechts ist das Betreten verboten. Aber von vier Beobachtungsstellen aus kann der Mensch auf diesen Top-Hotspot der Genfer Biodiversität mit seinen 30 Orchideenarten blicken. Libellen und Schmetterlinge schwirren umher, und mit etwas Geduld kann man Hirsche und Rehe, Hasen und Füchse, Biber und Dachse an den stehenden Gewässern der Sümpfe beobachten.

Adresse 1283 La Plaine, am Ende des Chemin de l'Ancienne-Forge | ÖPNV Mit dem Zug (Linien SL 5 und SL 6) ab dem Genfer Hauptbahnhof Cornavin in Richtung La Plaine bis zur Endstation. Wochentags halbstündig, am Wochenende stündlich. Fahrzeit rund 15 Minuten. Von dort zu Fuss die Route de la Plaine entlang bis zum Chemin de l'Ancienne-Forge direkt vor dem hohen Bahndamm rechts. Diesem Schotterweg folgend kommt man automatisch an die Badestelle unter der Eisenbahnbrücke. | Tipp Les Granges, das Restaurant und Informationszentrum von Pro Natura an der Allondon (Centre Nature du Vallon de l'Allondon) ist einen Ausflug wert. Mit Infomaterial geht es auf kleine Wanderwege, zum Beispiel zur schönen Kapelle aus dem 13. Jahrhundert oder ins nächste Weindorf. Von der Badestelle in La Plaine mit dem Bus P in Richtung Dardagny, Satigny; Haltestelle Les Granges, direkt am Restaurant (täglich 10–16 Uhr).

3 Die Armaturenfabrik

Künstlerische Zwischennutzung an der Jonction

Eine Weile noch wird man durch diese stadtnahe, aber dennoch ruhige und charmante Gegend um die Jonction, den Zusammenfluss der beiden Genfer Flüsse Rhône und Arve, spazieren können.

In wenigen Jahren startet ein gigantisches Bauprojekt, dem sicherlich auch etliche Bauwerke, wie das grosse städtische Busdepot und die dazugehörige Waschanlage, weichen müssen. Das verträumte Eintrudeln der Busse, die alle längst mit Biosprit fahren, das Rauschen der beiden so unterschiedlichen Flüsse links und rechts des schmalen Geländes, das Auffliegen eines Milans aus dem Gebüsch nahe der verlassenen Übungsstrecke für Wildwasserfahrer wird den Joggern und Spaziergängern sicherlich sehr fehlen.

Im Jahr 1996 verkauften die Besitzer der Robinetterie Kugler, einer historischen Armaturenfabrik, die seit 1863 ihren Sitz in Genf hatte, das ausladende Gebäudeensemble an die Stadt. Diese vermietete die Wasserhahnfabrik an verschiedene Nutzer, darunter die Genfer Fachhochschule für Architektur. Grosse Teile des Gebäudes aber standen leer und wurden kurzerhand – und von der Stadt geduldet – von der sehr aktiven Genfer Hausbesetzerszene okkupiert. Seit einem Brand im Jahr 2002 wird das Gebäude Tag und Nacht bewacht. Die legalen und die illegalen Nutzer legten Konzepte zur Weiternutzung vor und organisierten sich in unterschiedlichen Vereinsstrukturen. Zwei Jahre später wurde per Rundbrief zum Verlassen des Gebäudes aufgefordert. Fünf der neu gegründeten Kulturvereine liessen nicht locker, erreichten nach unendlichen Sitzungen eine Einigung und bekamen Nutzungsverträge für drei Jahre, dennoch blieben 40 Prozent der Fläche ungenutzt. Im Jahre 2009 war es schliesslich so weit: Die Fédération des Artistes de Kugler (FAK) wurde gegründet! Die renovierte Usine beherbergt nun Werkstätten, Ateliers und Ausstellungsräume für 220 Personen aus dem aktiven Kulturbetrieb Genfs.

Adresse Rue de la Truite 4, 1205 Genf | ÖPNV Bus 2, 3, 7, 10, 11, 19, Tram 14, Haltestelle Jonction, von dort am besten den Sentier des Saules an der Rhône entlang bis zur Usine | Öffnungszeiten Programm unter: usinekugler.ch | Tipp Im Sommer setzt das Baden an ausgeschilderten Stellen (!) in der kühlen Rhône Feriengefühle frei. Kurz vor der Jonction-Spitze kommt man an der alternativen Strandbar À la Pointe vorbei. Zeit für einen Pastis, denn die Rhône fliesst von hier ja Richtung Marseille.

4_Art & Tram

Ein Kunstausflug mit der Strassenbahn

Obwohl das Strassenbahnnetz im Jahr 1922 schon 124 Kilometer lang war, schrumpfte es kontinuierlich. In den 1990er Jahren existierten aufgrund der »Alles per Auto«-Mentalität nur noch 6,6 Kilometer Schienen. Der Umweltschutz sorgte aufgrund des immer stärker werdenden Strassenverkehrs für einen erneuten Ausbau, sodass es im Jahr 2019 wieder auf immerhin 33 Kilometer angewachsen ist.

Entlang der Linie 14 hat Genf mit sechs künstlerischen Installationen nun ein einzigartiges Kunstprojekt »art & tram« erschaffen. Es wurde vom Kanton Genf initiiert und von vier Gemeinden – Genf, Lancy, Onex und Bernex – gemeinsam mit der Kantonalen Stiftung für Zeitgenössische Kunst realisiert.

Am Bahnhof Cornavin hat John M. Armleder die Installation »Sans Titre« (dt. Ohne Titel) aus leuchtenden Neonkreisen auf die goldene Fassade appliziert. Silvie Defraoui hat an drei Haltestellen Quidort, Petit-Lancy und Les Esserts weisse, geometrische Zeichen auf den Boden gemalt, damit wartende Fahrgäste »sich ausruhen und ihren Gedanken nachhängen können«. An der Haltestelle Onex steht die monumentale, zehn Meter hohe Steinskulptur »Le Sage« (dt. Der Weise) von Udo Rondinone, monolithisch wartend wie ein Fahrgast. Die Figur aus Granitblöcken, inspiriert von prähistorischen Megalith-Ensembles, bildet mit den beiden Kirchen auf dem Platz ein Dreieck. Zwischen den Haltestellen Dode und Croisée de Confignon verwundern Eric Hattans geknickte Oberleitungsstützpfeiler auf beiden Seiten der Strasse. »Beautiful Bridge« des Künstlerduos Sabina Lang und Daniel Baumann an der Haltestelle Bernex P+R ist zugleich Skulptur, Unterstand und Brücke – und bietet 120 Sitzplätze für Veranstaltungen. Während diese fünf Kunstprojekte für alle Fahrgäste der Linie 14 zu sehen sind, gleitet »Monochrome Rose«, die rosafarbene Trambahn der Künstlerin Pipilotti Rist, auch auf anderen Linien durch die Stadt.

Adresse Gare de Cornavin, 1201 Genf; Route de Chancy ab Nummer 6, 1213 Lancy | **ÖPNV** Tram 14, Haltestelle Cornavin, Richtung Bernex P+R | **Tipp** Legen Sie einen kurzen Zwischenstopp im Park des Evaux mit seinen 100-jährigen Eichen und der Nähe zur Rhône ein (Chemin François-Chavaz 110, 1213 Onex). Im Abenteuerpark Evaux gibt es einen Hochseilgarten.

5 Das Athénée-Palais

Der Irokesen-Chief vor dem Völkerbund

Eigentlich ist der Ort, um den es geht, das Waldland zwischen dem Eriesee und dem Hudson River, die Heimat der irokesischen »Six Nations«, die hier auch im völkerrechtlichen Sinn ihr Zuhause haben: als indigenes Gemeinwesen, mit Territorium, einheitlicher Bevölkerung und Gründungsmythos. Selbst ein funktionsfähiges Regierungssystem konnte das nordamerikanische Volk schon 1920 vorweisen. Nur: Kanada und das Britische Empire waren nicht willens, den Six Nations den Status als Nation zuzugestehen. Mit dem »Selbstbestimmungsrecht der Völker« und dem von Woodrow Wilson initiierten Völkerbund in Genf aber gab es seit Januar 1920 zum Glück eine supranationale Instanz, vor der das Volk der Irokesen ihr Anliegen vortragen konnte.

Im August 1923 schickte der Rat der Irokesen einen seiner Chiefs, Levi General, genannt Deskaheh, nach Genf, um die Unabhängigkeit der Six Nations durchzusetzen. Die Niederlande leiteten die Eingabe der Irokesen an den Generalsekretär des Völkerbunds weiter. Irland, Panama, Estland und Persien schlossen sich an. Mit einem Budget von 10.000 Dollar bezog Chief Deskaheh Quartier im Hotel des Familles und bewies mit seiner 16 Monate dauernden Kampagne mediales Geschick: Das Foto von 1923 zeigt ihn umgeben von Unterstützern vor dem symbolträchtigen Palais de l'Athénée, wo 1863 das Komitee des Internationalen Roten Kreuzes gegründet worden war.

Halb Europa fieberte bald mit dem »Freiheitskampf der Irokesen«. Die britische Regierung mit ihrem Kolonialminister Winston Churchill aber wies das Anliegen der Unterstützerstaaten schnöde als »impertinente Einmischung« zurück. Diese zogen prompt den Schwanz ein. »Das geheiligte Prinzip der Nichteinmischung triumphiert über das Selbstbestimmungsrecht der Six Nations«, schrieb der Historiker Aram Mattioli. Die Irokesen verstehen sich allerdings auch heute noch als souveräne Nation.

Adresse Rue de l'Athénée 2, 1205 Genf | **ÖPNV** Bus 3, 5, 7, Haltestelle Athénée | **Öffnungszeiten** Das Palais de l'Athénée ist auch wegen seiner Ausstellungen und seiner Lage am äussersten Rand des Altstadthügels einen Besuch wert. Die Öffnungszeiten wechseln entsprechend den Veranstaltungen. | **Tipp** In den Mauernischen finden Sie zwischen den beiden Grossideologen Genfs auch die Büste von Michel Roset, jenes Diplomaten und Staatsmanns, der schon im 16. Jahrhundert wusste, wie man ohne Heiratspolitik und Bauernopfer dauerhafte Bande schmiedet: 1579 sichert er in Solothurn dem reformierten Genf die langjährige Sicherheitspartnerschaft mit dem katholischen Frankreich.

6 Die Auslandsschweizer

Zwiespältige Schweizer-französische Freundschaften

Grosse Familiendynastien wie die der Neckers oder Constants bilden das Ferment Genfs. Damals wie heute sitzen Männer mit tönenden Vornamen wie Horace oder Theodore in den Räten der Stadt, die auf fünf Gesellschaftsschichten gebaut ist. Ihre Anwesen haben die Neckers im Madeleine-Viertel oder draussen in Coppet. *Auslandsschweizer* sind sie so nur bedingt. Trotzdem hat der olivgrüne Seidenanzug Jacques Neckers, den er als Finanzminister seiner Majestät Ludwigs XVI. zur Eröffnung der Pariser Generalstände im Mai 1789 trug, einen Ehrenplatz im Musée des Suisses dans le Monde. Zu Recht. Denn das Museum widmet sich vorrangig Schweizer Grosstaten in Frankreich.

Die Familiengeschichte der Neckers zum Beispiel wurzelt zwar im protestantischen Finanzkapitalismus, ihr Gegengewicht aber hat sie in einem gediegenen französischen Republikanismus. Mit seiner karitativen Pariser Suppenküche schuf sich Necker beim Volk in vorrevolutionären Zeiten einen guten Ruf, sodass der angehende Souverän revoltierte, als Ludwig seinem Finanzminister am 11. Juli 1789 den Laufpass gab. Drei Tage später fiel die Bastille.

Gérard Miège, der Museumsführer, findet das nicht gerecht. Necker sei ein Filou gewesen und habe in seiner Doppelfunktion als Bankier und Minister dem Absolutismus mit Zinssätzen bis zu 14 Prozent den Garaus gemacht. So passt Necker nicht ganz in das Bild, das dieses Museum von den Auslandsschweizern vermitteln möchte: Das Bild einer jahrhundertealten französisch-schweizerischen Freundschaft, die sich vor allem durch Schweizer Garden in den Diensten des Königs festigte. Noch der Sonnenkönig Ludwig XIV. hatte 25.000 Schweizer Soldaten. Diese Auslandsschweizer waren Söldner, die sich die Eidgenossen teuer bezahlen liessen. Denn in Frankreich wusste man: Der Schweizer Soldat bleibt auch noch in der ersten Schlachtreihe – wo man zuverlässig stirbt – seinem Lohnherrn treu.

Adresse Chemin de l'Impératrice 18, 1292 Pregny | **ÖPNV** Bus 20, Haltestelle Penthes | **Öffnungszeiten** Mi–So 13.30–18 Uhr, Gratisführungen (auf Französisch) jeden Sa und So um 14.30 Uhr (ab mindestens fünf Interessierten) | **Tipp** Direkt unterhalb des Parc de Penthes befindet sich im Chemin de L'Impératrice 10 die ständige UNO-Mission Italiens. In das Haus flüchtete Hortense de Beauharnais mit ihrem Sohn, als dessen Vater Louis Bonaparte 1815 besiegt war. Der 7-jährige Charles Louis Napoléon Bonaparte wird sich 37 Jahre später, 1852, als Schweizer und französischer Staatsbürger, zu Kaiser Napoléon III. proklamieren.

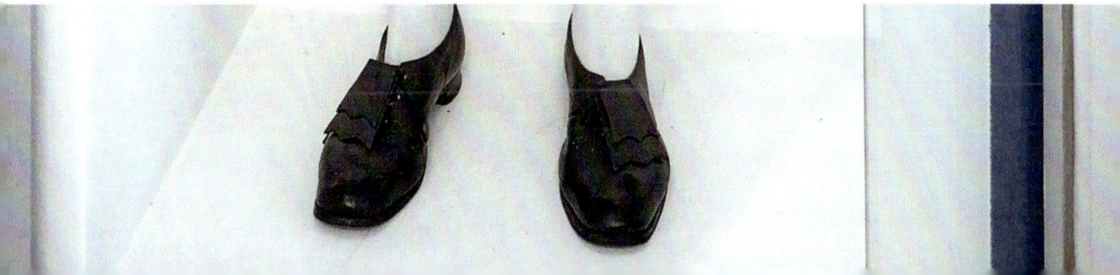

7 Autodafé vorm Rathaus

Die Strafprozessakten 11009 und 11296

Die lange Bank an der Rathausmauer steht für kurze Prozesse. Genau hier nämlich verbrannten die Genfer 1762 in einem gerichtlich angeordneten Autodafé eben jene häretischen Schriften des Bürgers von Genf, die ihnen mit ihrer allzu freiheitlichen Gesinnung den Schlaf zu rauben drohten: Jean-Jacques Rousseaus radikale Bildungsschrift »Emile« und seinen »Contrat social«, den Gesellschaftsvertrag, der mit seinen berühmten Eingangssätzen 27 Jahre später zum Motto der Französischen Revolution werden sollte: »Der Mensch wird frei geboren, aber überall liegt er in Ketten.«

Die Bücherverbrennung fand dort statt, wo sie dem Gesetz nach stattzufinden hatte und wo zwei Jahre später auch Voltaires »Philosophisches Wörterbuch« verbrannt wurde: vor der »Banc de Justice«, der steinernen Bank direkt an der Rathausfront, längelang zwischen den beiden Eingängen.

Die Vernichtung der Schriften Rousseaus und Voltaires, deren Werke damals übrigens weniger als politische Philosophie, sondern vielmehr als kritische Auseinandersetzung mit der Genfer Politik gelesen wurden, entbehrte nicht einer gewissen Feierlichkeit. Ihre Bücher wurden zuerst – wie ein Angeklagter – öffentlich verurteilt, dann vor aller Augen zerschnitten und zerrissen, um erst danach auf dem Scheiterhaufen zu landen. Wer die Anklageschriften lesen oder sich tiefer in Genfs Geschichte vertiefen möchte, braucht sich nur in das öffentliche Archiv des Kantons Genf mit seinen freundlichen Mitarbeitern genau gegenüber zu begeben. Die Strafakten zu Rousseaus »Gesellschaftsvertrag« und Voltaires »Philosophischem Wörterbuch« sind hier unter den Registernummern pc11009 und pc11296 abgelegt.

Und auch das Haus, in dem Jean-Jacques Rousseau am 28. Juni 1712 geboren wurde, ist nur wenige Schritte entfernt. In der Grand-Rue 40, wo zuletzt Genfs Literaturhaus seinen Sitz hatte und das 2019 einer Generalüberholung unterzogen wurde.

Adresse Rue de l'Hôtel-de-Ville 2, 1204 Genf. Die Bank zieht sich direkt entlang der Rathausmauer. Die »Archives d'Etat« befinden sich unmittelbar gegenüber unter den Arkaden in der Rue de l'Hôtel-de-Ville 1 | ÖPNV Bus 36, Haltestelle Hôtel-de-Ville | Öffnungszeiten Archiv Mo–Do 8–17 Uhr | Tipp Am Rathaus rechts vorbei und 50 Meter durch die Rue Henri-Fazy gelangt man zu einer weiteren Bank auf der Rampe de la Treille (Weinlaube), der ältesten Promenade Genfs: Entlang des Geländers zieht sich die längste Holzbank der Welt und erlaubt von der Altstadtanhöhe einen Panoramablick über Plainpalais und Carouge in Richtung Süden.

8 Die Bains des Pâquis

Ein Mikrokosmos mitten in der Genfer Bucht

Die Bains des Pâquis sind der Lieblingsort der meisten Genfer. Sie sind in jedem Reiseführer aufgeführt und dürfen natürlich auch hier nicht fehlen.

Wie kann man diesen so lebendigen Mythos beschreiben? Wo das Quai du Mont-Blanc zum Quai Wilson wird, zweigt vom breiten Bürgersteig eine Mole ab und führt weit auf den See hinaus, mitten hinein in die Genfer Bucht, und taucht ein ins vielfarbige Blau. Genf erscheint rechter Hand als Halbkreis und der Jet d'Eau, ganz nah, als ein wunderschöner Pinselstrich, der sekündlich anders aussieht. Zur Linken öffnet sich der Léman in seiner ganzen Weite, und Segelschiffe fliegen darüber hin.

Die befriedeten Badestellen wurden schon um 1870 aus Holz an die Mole des Ufers des Stadtteils Les Pâquis gebaut und 1890 zur öffentlichen Badeanstalt. Freien Eintritt gab es an Sonn- und Feiertagen, und ein paar Stunden am Tag waren Frauen vorbehalten. Am Ende des 19. Jahrhunderts wurde an die Spitze der Phare des Pâquis, der Leuchtturm, anstelle eines offenen Feuers gebaut. Im Jahr 1931 wurden die nach ihrem Besitzer benannten Bains-Henri abgerissen und ein Jahr später aus Stahl und Glas neu errichtet.

Der heute für die Verwaltung des ganzjährig geöffneten Stadtbads zuständige, aus Genfer Bürgern bestehende Verein AUBP ermöglichte 1980 eine behutsame Sanierung, die vor allem über Kulturprojekte vor Ort finanziert werden konnte. Immer noch ist der Verein sehr aktiv, und an den Sommersonntagen gibt es morgens um 6 Uhr stimmungsvolle Konzerte. Kurz darauf öffnet dann schon die Buvette mit ihrem Frühstück: die mit Butter, Konfitüre oder Cenovis bestrichenen Tartines, Kaffee und Tee, ein köstliches Ingwergetränk oder einen frisch gepressten Jus d'Orange. Wer ein Bad im immer kühlen See nehmen möchte, hat verschiedene Möglichkeiten: Vorm Leuchtturm rechts sind Holzterrassen angebracht und links führen Strände aus Kies in den See.

Adresse Quai du Mont-Blanc 30, 1201 Genf | ÖPNV Bus 1, 25, Haltestelle Navigation, von dort zu Fuss über den belebten Platz in die Rue du Léman bis zum See | Öffnungszeiten Eintritt ins Bad ab 6 Uhr, 2/1 CHF; Buvette: im Sommer: täglich 7–23 Uhr; im Winter: 8–23 Uhr; Sauna, Hamam und Massagen bitte unter bains-des-paquis.ch nachsehen | Tipp Mittags gibt es ein Plat du jour sowie verschiedene Salate, und abends kann man – von Oktober bis April – eines der besten Fondues au Crémant, ein mit Crémant zubereitetes Käsefondue, geniessen, während die Sonne untergeht und auf den Häusern des Rade die Neonschilder der Uhrenmarken und Banken und am Quai du Mont-Blanc die der berühmten Hotels zu leuchten beginnen.

9 Die Bank der Liebenden

Genfs Parkperlenkette – ganz weit oben

So hoch ist die Bank, dass man ihr Stufen zum Emporsteigen baute. Und hoch steht sie über dem See, dem Alpenpanorama – wie sonst kaum ein Aussichtsort am westseitigen Ufer der Stadt. Aber sie ist nicht leicht zu erobern. Denn immer sitzt da ein Liebespaar: »Schaut her, wie glücklich wir sind.«

Es lohnt also den langen Weg vom Hauptbahnhof durch die Parkperlenkette bis hierher. Gleich hinter dem Bahnhof Cornavin auf der Betonfussgängerbrücke rechts um das Hotel Montbrillant herum beginnt die Wanderung und findet schnell den Weg in den Parc des Cropettes und gleich weiter in den vielgestaltigen Parc Beaulieu vor den Unit-Houses der UNO-Beamten. Ein kurzer prüfender Blick, ob im öffentlichen Gemüsegarten die Kohlköpfe blühen, und dann hinauf in die Rue Chandieu. Eine Strasse? Kein Park? Ja; okay. Aber eine nicht uncharmante Fussgängerzone zwischen Neubauten, in die sich die Grundschüler die Natur auf einer Distel-Brache mit zärtlich gepflegten Insektenhäusern zurückholen. Im langen Parc Trembley hingegen scheint dann Picknick am Planschbecken Bürgerpflicht. Wer da lieber Reissaus nimmt, landet oberhalb der Rue de Moillebeau im wohlgehegten Friedensgarten, in dem die Welt nun endgültig stehen bleibt. Hier quaken die Frösche von ihren Seerosenblättern fröhlich, wenn der Reiher sich zu ihnen setzt, und Gärtner werkeln an letzten Feinheiten einer nicht enden wollenden Blumenpracht. Für den einsamen Spaziergänger aber geht es nun an den steilen Anstieg zur »Banc en deux étages«. Zu *der* Bank. Noch einmal blickt man hinunter aufs von Baukränen überwölbte Land am See und erinnert sich schon fast mit Wehmut an das soeben Ergangene: Ja, Genf ist nicht zu Unrecht stolz auf seine 310 Hektar Parks, seine 428.000 Pflanzen, und darauf, dass es zu Europas Städten mit der geringsten Luftverschmutzung gehört. Trotz Tallage. Aber die ist auf Genfs höchster Bank ganz weit unten.

Adresse Die »Bank auf zwei Etagen« befindet sich direkt unterhalb des Chemin des Crêts. | **ÖPNV** Bus 22, Haltestelle Mervelet. Dann auf der Avenue du Bouchet in Fahrtrichtung weiter, quer über die Avenue Trembley in den Chemin des Crêts. Nach rund 100 Metern rechter Hand 20 Meter in den zweiten Parkweg. | **Tipp** Nicht nur die grosse Auswahl der lokalen Weine sind die 300 Meter von der Bank zum Bioladen in der Scheune der innerstädtischen Ferme de Budé im Chemin Moïse-Duboule 2 wert. Auf dem Hof wird mit Schautafeln über die Genfer Landwirtschaft informiert: Wussten Sie beispielsweise, dass in Genf über 2.700 Rinder weiden und jährlich 630 Tonnen Kürbis produziert werden? (Di–Fr 9–18 Uhr).

10 Das bateau-lavoir

Wo die Expats ihren Apéro nehmen

Genf ist eine geteilte Stadt. Hier das Genf der Einheimischen mit seinem Ausländeranteil von immerhin mehr als 40 Prozent – dort das Genf der internationalen Diplomatie. Dass es zwischen diesen Welten kaum Verbindungen gebe, gehört zu den hartnäckigsten Topoi. Wahrscheinlich existiert er seit Cäsars Besuch des allobrogischen Grenz- und Hafenstädtchens Genava im Jahre 58 vor Christus. Schon Cäsar war in Genf ja eher ein Expat. Eine internationale Fachkraft in Sachen Kriegswesen und Imperialismus, der irgendwann weiterzog.

Auch das heutige Genf besteht zu einem gewichtigen Teil aus solchen Expatriates, aus Einwanderern auf Zeit, oft Absolventen der Hochschulen für internationale Beziehungen aus aller Welt. Sie arbeiten als Praktikanten für wenig Geld oder umsonst in den UN-Organisationen und Nichtregierungsorganisationen, um dann weiterzuziehen – vielleicht nach Kenia, wo man sich als Expat einer Studie von 2019 zufolge nicht ganz so einsam fühlt.

Weil es in Genf also nicht immer einfach ist, Kontakt zu finden, haben die Expats das zwanglose Zusammenstehen bei einem Aperol Spritz mit Oliven und Chips, zu egal welchem Anlass, leidenschaftlich adoptiert. Gegen 18 Uhr strömen Menschen aller Länder aus den Palästen der internationalen Moderne ins Zentrum und treffen sich, wie zufällig, zum Beispiel auf der Rhône im bateau-lavoir – um wieder einmal weitgehend unter sich zu bleiben. Es lohnt sich aber, diese freundlichen Vertreter des Globalen dort aufzusuchen. Nicht wahr ist nämlich, dass auf dem bateau-lavoir nur amerikanisch gesprochen wird. Das Multilaterale zeigt sich, solange man sich von den grossen Tischgruppen fernhält, eher in Vielsprachigkeit. An den Einzeltischen sitzen heterogene Grüppchen, lateinamerikanische Girlgroups oder jung verheiratete Diplomatenpaare mit den Schwiegereltern auf Stippvisite. Selbst Deutsch und Französisch ist manchmal zu hören.

Adresse Le bateau-lavoir, Place de l'Île 1, 1204 Genf | ÖPNV Tram/Bus 2, 3, 5, 7, 10, 12, 14, 18, 19, 20, 36, D, Haltestelle Bel-Air. Von dort quer durch das auch nette Restaurant Halles de l'Île über den Steg zu dem Schiff mit der Dachterrasse. | Öffnungszeiten Mo–Fr 11–15 und 17–23 Uhr, Sa 17–1 Uhr | Tipp Wenn es den Schwiegereltern noch nicht urig genug ist, nehmen die jungen Diplomaten sie unter den Arm und ziehen mit ihnen weiter ins Pâquis zum Place de la Navigation 2. Hier darf's dann im Lokal »Edelweiss« die Deutschschweiz pur sein: mit lebendigen Alphornbläsern, Hudigäägeler und Käsefondue.

11 Die Bodmer-Sammlung

Geistige Diversität der Weltliteratur

Da liegt es, das erste mit beweglichen Lettern gedruckte Werk: die »B 42«, Gutenbergs Luther-Bibel von 1452. 42-zeilig, zweispaltig und überraschend bunt. Eines von 48 noch erhaltenen Exemplaren. Über ein württembergisches Kloster gelangte es in den Besitz des Zaren; in zähen Verhandlungen über das Auktionshaus Sotheby's verkaufte Stalin es im 20. Jahrhundert dem Sammler Martin Bodmer. Ein »potentiell verkäufliches Liebhaberstück«, sagt Jacques Berchtold, Direktor der »Stiftung Martin Bodmer«. Aber »verkauft wird nicht!« Auch nicht, wenn US-amerikanische Evangelikale Preise in dreistelliger Millionenhöhe bieten.

Denn diese Gutenberg-Bibel ist im Schatz der 150.000-bändigen Weltliteratur auf dem Genfer Millionärshügel von Cologny ein Same jenes Weltgeistes, den Bodmer der Ewigkeit übergeben wollte und der im Halbdunkel des Mario-Botta-Baus als *Memory of the World* von Gedankenfreiheit und dem Frieden auf Erden träumt.

Man mag die Ideen des Seidenfabrikantensohns Martin Bodmer, dessen Vorfahren im 19. Jahrhundert in Asien zu Reichtum kamen, als eurozentrische Bibliophilie abtun: seine Vorstellung, Goethes Idee von der Weltliteratur – von Homer über die Bibel, Dante, Shakespeare bis Goethe *himself* – in einem unzerstörbaren Archiv zu realisieren. Ganz gerecht aber wird dies dem einstigen Vizepräsidenten des Internationalen Roten Kreuzes nicht. Im Fokus seines Sammelns stand nicht das Original, sondern das Übersetzen. Dem Cicero mit den handschriftlichen Randbemerkungen Petrarcas galt seine Leidenschaft, nicht dem ersten Plutarch, sondern Plutarch von Rabelais kommentiert. Und seiner Gutenberg-Bibel hätte Bodmer am Ende wohl jene zweisprachige Fassung der Thora in seinem Bestand vorgezogen, mit der Muslime ihrer Religionsgemeinschaft im 12. Jahrhundert das jüdische Denken nahebrachten – mit gelehrten Fussnoten zu seiner Rezeption durch das frühe Christentum.

Adresse Route Martin-Bodmer 19–21, 1223 Cologny | ÖPNV Bus A Richtung Gy, Haltestelle Cologny, Temple | Öffnungszeiten des Museums der Fondation Martin Bodmer, in dem wechselweise 300 Exponate der Sammlung gezeigt werden (nur die Gutenbergbibel ist immer zu sehen): Di–So 14–18 Uhr | Tipp Direkt unterhalb der Stiftung, wirft man an der Place Pierre Gautier mit dem Landgasthof »Auberge du Lion d'Or« den vielleicht schönsten Blick über den See Richtung Jura. Nebst geografischer Hinweistafel! Den Chemin de la Capite weiter bergauf kann man linkerhand im Chemin de Ruth die ehemalige Villa Diodati erspähen, den ehemaligen Landsitz der englischen Romantiker um Lord Byron, wo Mary Shelley ihren Frankenstein schrieb.

12 Braillards Agora

Ein Wohnblock in Saint-Jean

Seit 2012 wohnen wir gegenüber dem Ende der 1920er Jahre fertig gestellten Wohnblock La Rotonde, auch La Maison Ronde genannt. Gebaut wurde er nach den Plänen des Genfer Architekten Maurice Braillard (1879–1965), der schon mehrere Gebäude und Siedlungen im International Style entworfen hatte, einem für Schweizer Verhältnisse fast schon radikal-sozialistischen Baustil. In den Architekturführern der Romandie in einem Atemzug mit den Bauten von Le Corbusier genannt, steht der halbkreisförmige, hellgraue Wohnblock mit seiner rhythmisierten Symmetrie aus reliefartigen Einbuchtungen und Balkons autonom und unvergleichlich »modern« in seiner Umgebung von Wohngebäuden des ausgehenden 19. und der ersten Hälfte des 20. Jahrhunderts. Sechs Stockwerke hoch, mit Wohnungen zwischen drei und fünf Zimmern, ist das denkmalgeschützte »Kolosseum« ein betriebsamer Lebensraum für Familien mit Kindern, Singles und gesprächige Hundebesitzer. Im Erdgeschoss gibt es Physiotherapie, Friseure und Kleingewerbe, und anlässlich des jährlichen Genfer »Tags der Nachbarn« wird ein etwa 100 Meter langer Tisch aufgebaut, und alle Bewohner tafeln auf der halbrunden Terrasse, dem Dorfplatz. Umgezogen wird viel, und da es in Genf, so scheint es, aufs Gleiche hinauskommt, neue Möbel zu kaufen oder einen teuren Transporter zu bestellen, deponieren die Ziehenden ihre Möbel auf der Strasse. Am Abend sind die Möbel weg, Recycling durch Umverteilung.

Braillard begann mit 14 Jahren, in einem Baubüro in Neuchâtel, später in Lausanne, zu arbeiten, und gründete ohne Abschluss im Alter von 28 Jahren sein Büro in Genf. In der nahen Avenue De-Gallatin 3 befindet sich ein etwas früher gebautes Haus des Architekten. Die Gartenstadt Cité Vieusseux wird zwar im Moment nach und nach abgerissen, ist aber ebenfalls den modernistischen Visionen Braillards zu verdanken, der Mitglied der Sozialistischen Partei der Schweiz war.

Adresse Rue Charles-Giron 11–19, 1203 Genf | ÖPNV Bus 7, 9, Haltestelle Délices oder Miléant, von dort über die überdachte Gleisfläche Richtung Norden | Tipp Ein sehr populäres Restaurant in nächster Nähe, das Café de la Limite, Rue des Charmilles 11, ist einen Besuch wert. Im Souterrain eines Wohnhauses aus dem 19. Jhd. eingerichtet und von portugiesischen Wirtinnen aufs Freundlichste betreut, gibt es vor allem bewährte fleischhaltige Gerichte à la Steak-Frites (Bestellen Sie lieber vor! Tel. 022/3453298, So Ruhetag).

13 Das Brunswick-Denkmal

Morbide Neogotik im Alpengärtchen

Ein herausragendes Mahnmal gegen neugotische Architektur stellt das Brunswick-Grabmal des Herzogs von Braunschweig dar, das im winzigen »Alpengarten« am rechten Ufer des Genfer Sees den Blick auf das lebendige Viertel Pâquis verstellt. Fast wäre übrigens, wohl zur Strafe, das Reiterstandbild des toten Herzogs schon kurz nach seiner Errichtung 1879 vom Gipfel des Monuments gestürzt und muss sich seitdem mit einem Katzensockel daneben begnügen.

Der deutsche Adelsmann hatte sich seinen prominenten Platz am Ufer des Genfer Sees erkauft, indem er den Genfern eine Milliarde Franken und damit einen Grossteil seines Erbes vermachte. Dass die Errichtung seines Denkmals zwei Millionen Franken kostete, liess sich also verschmerzen, insbesondere, weil mit dem Geldsegen endlich das Kulturforum am Place de Neuve fertiggestellt werden konnte. Das mit der Braunschweiger Milliarde finanzierte Grosse Theater entstand zwischen 1873 und 1879 und würde seither mit dem Musée Rath, dem ersten Kunstmuseum Genfs aus dem Jahr 1826, und dem Konservatorium ein städtebauliches Kultur-Forum vor dem Parc des Bastions bilden – wenn nicht die Verkehrsströme kreuz und quer den Platz ziemlich unzugänglich machen würden.

Und selbst in dem stilistisch diskussionswürdigen Kunst-Ungetüm am See ist letztlich doch manches Kleinod verborgen. Vor allem die Allegorien des Genfer Bildhauers Jean-Charles Töpffer. In weissen Marmor gemeisselt, findet man sie hoch oben auf den Rippen, die die Decke der Kapelle tragen. Die 18 Halbreliefs preisen das menschliche Antlitz in seinen verschiedenen Formen und zeigen, dass auch die Physiognomik des 19. Jahrhunderts so manches Schöne hervorbringen konnte. Mit diesen skulpturalen Kleinkunstwerken trat Jean-Charles aus dem Schatten seines berühmten Vaters Rodolphe, der mit seinen auch von Goethe gelobten Bildergeschichten in Genf als Urahn des Comics gefeiert wird.

Adresse Jardin des Alpes, Quai du Mont-Blanc 13, 1201 Genf | ÖPNV Bus 9, Haltestelle Mont-Blanc. Von hier aus rund 100 Meter zu Fuss auf dem Quai du Mont-Blanc auf der Ufer-Promenade. | Tipp Das libanesische Restaurant Les Parfums de Beyrouth, das beste Beiruter Falafeln oder selbstgemachtes Taboulé anbietet, lohnt den Weg vom Alpengärtchen quer durch das auch um Mitternacht noch lebendige Genfer Viertel Pâquis in die Rue de Berne 18. Eine seltene Mischung aus Expats, Kleinkriminellen, Alteingesessenen und verirrten Touristen vom nahgelegenen Busbahnhof sorgt oft für rege Unterhaltung und so manch spöttischen Schlagabtausch.

14 Der Burgunderkönig

Schweizer Diplomatie avant la lettre

Über dem Zentrum der Altstadt, dem Place du Bourg-de-Four, wacht eine farbenfrohe Figur: König Gundobad, dessen Volk der Burgunder sich im 5. Jahrhundert den Handelsflecken Genf zur Hauptstadt erkor. Wir werden Ihnen aber nicht verraten, wo Sie den König finden. Setzen Sie sich auf ein Glas Wein ins »La Clémence«, also genau dorthin, wo das Schloss der Burgunder stand; und suchen Sie einfach das bunte Wimmelbild ab, das sich Ihnen hier auftut.

Es war wohl der Klimawandel, der das germanische Volk der Burgunder einst bewog, gen Süden zu ziehen. Rom stand unter dem Druck, seine nördliche Grenze zu sichern. Mit den Burgundern liess sich darüber verhandeln. Im Jahre 443 erklärten sie sich bereit, sich am Genfer See anzusiedeln und eine Pufferzone zwischen dem römischen Reich und den angriffslustigen Alemannen im Nordwesten, den Westgoten im Südwesten und den Ostgoten im Südosten zu bilden. Für ein paar Jahrhunderte spielten die Burgunder damit eine ähnliche Rolle, wie sie später die Schweiz in Europa einnehmen sollte. Selbst das Recht der Steuererhebung wurde den Burgundern dafür durch das allseits bedrohte, schwankende Rom zugestanden. Die römische Antike ging über ins europäische Mittelalter.

Von ihrem neuen Stammsitz Genf dehnten die Burgunder ihr Reich Schritt für Schritt entlang der Rhône gen Süden aus, um im Jahre 467 Lyon zur neuen Hauptstadt zu erklären. Als schliesslich im Jahr 480 Gundobad die Nachfolge seines Onkel Hilperik als König der Burgunder antrat, war die grosse Zeit der Burgunderdiplomatie aber vorbei. Gundobad wuchs auf als christlicher Römer, und der Imperialismus lag ihm im Blut. Er verjagte die Alemannen, verwüstete Ligurien und schlug sich mit den Ostgoten. Seinen Bruder Godegisel liess er umbringen, und seinen Sohn Sigismund hievte er auf den Genfer Burgunder-Thron. Schweigen wir also lieber über den Mann mit dem Schwert.

Adresse Place du Bourg-de-Four | ÖPNV Bus 36, Haltestelle Bourg-de-Four | Öffnungszeiten Café La Clémence Mo–Do 7–1 Uhr, Fr 7–2 Uhr, Sa 8–2 Uhr, So 8–1 Uhr | Tipp Wer mehr über die burgundische Geschichte Genfs erfahren will, muss sich von seinem Glas Wein auf dem Place du Bourg-de-Four erheben, um die paar Schritte zur Kathedrale St-Pierre zu gehen. In ihrem Untergrund werden zahlreiche Schichten der Vorgeschichte des heutigen Genf archäologisch aufgeblättert – so auch, in einem anschaulichen 3D-Modell, seine burgundische Vergangenheit.

15_Buddha über Genf

Ein Tempel auf 1.100 Meter Höhe

Seine Heiligkeit der Dalai Lama ist nicht mit der Seilbahn zum Tempel hinaufgeschwebt, als er im August 2011 dieses Heiligtum feierlich eingeweiht und ihm den Namen *Shedrub Choekhor Ling* gegeben hat. *Shebu* bedeutet auf Tibetisch so viel wie Erklärung oder Wissen und *Drub* steht für Praxis. Noch heute erzählen Menschen, die man im kleinen Souvenirgeschäft dort oben trifft und die zur relativ grossen Buddhistischen Gemeinde Genfs und Umgebung gehören, davon. Das Gebäude, ein ehemaliges Restaurant, wurde ein Jahr vorher von einem reichen russischen Politiker zum Zwecke der Einrichtung eines tibetisch-buddhistischen Klosters erworben.

Fünf Mönche leben ständig dort, auch dann, wenn die Seilbahn im Winter den Betrieb teilweise einstellt und das bunte Treiben auf dem Hochplateau über der Stadt nachlässt. Von der Bergstation läuft man etwa 20 Minuten auf einem in Richtung Observatoire ausgeschilderten Weg sanft bergauf durch einen hübschen Mischwald aus Buchen, Ahorn und Haselnuss und kommt auf eine wunderschöne, von Stadt und See abgewandte Wiese, die das Panorama des Mont-Blanc-Massivs zur Kontemplation freigibt. Das von bunten tibetischen Gebetsfähnchen umflatterte Kloster liegt ein paar Wegbiegungen weiter, kurz hinter einer steilen Absprungstelle für Gleitschirmflieger, von denen es an manchen Tagen nur so wimmelt – wenn man von der Stadt aus Richtung Salève schaut, scheint der Himmel von bunten Schmetterlingen besiedelt zu sein.

Das Kloster verfügt über einen reich geschmückten Gebetsraum, beseelt von einer lächelnden goldenen Buddha-Figur. Auch Menschen, die nicht zur Gemeinde gehören, sind willkommen. Den Mitgliedern der Association Shanga Sur Salève sind für einen Jahresbeitrag von 40 Euro Zimmer zum Übernachten vorbehalten. Blickt man nachts von der Stadt hinauf zum Salève, sieht man das Kloster als einzigen Lichtpunkt über dem Berg schweben.

Adresse 7660 Route des Trois Lacs, Mont Salève, 74560 Monnetier-Mornex, Frankreich | **ÖPNV** Bus 8, zum Beispiel ab Rive bis zur Endhaltestelle Veyrier-Douane. Dann durchfragen nach der Talstation der Téléphérique du Salève | **Anfahrt** mit dem Auto bis hinauf zum Parkplatz am Observatoire | **Öffnungszeiten** variieren: telepherique-du-saleve.com; für das Kloster: sanghasaleve.wixsite.com | **Tipp** Wer einen Tandemflug über Genf wagen möchte: saleveairlines.com. Ansonsten ist das einfache Ausflugsrestaurant Observatoire (lobservatoire.fr) auf dem Hochplateau gut für eine Pause zwischen einem Klosterbesuch, einem Tandemflug oder einer ausgedehnten Wanderung.

16_Bus zum Ende der Welt

Eine Fahrt vom Bout du Monde zum Jardin Botanique

Es sind kurze Momente des Luftanhaltens, wenn die Ortsbezeichnung Bout du Monde – »Das Ende der Welt« – als orangefarbene Leuchtschrift am Bus 11 vorbeifährt. Die Vorstellungskraft bekommt Flügel: Wo ist es, das Ende der Welt? Und wie sieht es aus? Ursprünglich zum Königreich Sardinien gehörend, war der Landstrich jenseits der Arve bis zum Beginn des 19. Jahrhundert sogar als »Fin du Monde« eingetragen, was deutlich negativer besetzt war. Der Bus 11 braucht genau 30 Minuten für seine 7,5 Kilometer und 22 Haltestellen vom idyllischen Botanischen Garten am rechten Seeufer bis zur u-förmigen, südlichen Genfer Arve-Schlaufe, in der das Ende der Welt liegt. Die Fahrt beginnt an der alten Parkanlage mit ihren Baumriesen, die hinauf zum Palais des Nations führt. Kurz davor sieht man rechterhand holzverkleidete Containerbauten für Migranten und das 2015 eingeweihte Denkmal des Künstlers Léonard de Muralt für Nelson Mandela.

An der Place des Nations lohnt es sich kurz auszusteigen: Die Haltestelle von Francis Quétant, Baujahr 1949, mit ihren geschwungenen Holzbänken ist ein schönes Beispiel von gestaltetem Stadtmobiliar. Danach geht es durch die belebten Wohnblocks von Charmilles, an der Wohnmaschine Le Seujet vorbei, hinab über die blaugrüne Rhône, über die Arve-Brücke zu einem Gewerbegebiet, in dem hoch spekulierte Grundstücke auf ihre spätere Nutzung warten. Am Eisstadion Les Vernets vorbei und durch das ehemals von Genf getrennte Dorf Carouge schlängelt sich der Bus schliesslich von Kreisel zu Kreisel auf die Rue de Veyrier und, die wilden Flussläufe der Arve kreuzend, bis ans Ende der Welt. Hier, am Fuss des Salève, liegt die belebte städtische Sportanlage, die für alle offen ist.

Warum ich aber eigentlich über den Bus 11 schreiben wollte: Mit seinen UN-Touristen und Stadtmigranten scheinen sich alle Nationen der Welt in ihm zu versammeln: Le Bus du Monde!

Adresse Alle Bushaltestellen des Bus 11, Genf | **ÖPNV** Bus 11, 22 Haltestellen von Bout du Monde bis Jardin Botanique | **Tipp** Die Buvette, das Sportvereinslokal Le BdM, liegt im hinteren Teil der Sportanlage unter der Tribüne. Es ist das 7. Lokal der Initiative Établissements publics pour l'intégration (ÉPI), einem Inklusionsprojekt mit inzwischen über 2.000 Mitarbeitern, und täglich, bis auf die Wintermonate, von 11 bis 23 Uhr geöffnet.

17_John Cage revisited

Eingriffe in den Lauf des Flüsschens Aire

Nirgends ist die Natur schöner als da, wo der Mensch ihr, nachdem er sie zuvor unterworfen hat, wieder zu sich selbst verhilft. Auf der Höhe des schönen Weindorfs Lully wurde zwischen 2002 und 2014 das zarte Flüsschen Aire, das einst als das verdreckteste und traurigste Gewässer Genfs galt, aus seiner Kanalisierung befreit und renaturalisiert. Zurückgebettet in seinen alten Verlauf und weitgehend sich selbst überlassen, wächst und gedeiht heute links und rechts der Promenade de l'Aire eine Artenvielfalt an Pflanzen und Getier, die unbedingt zu einem kleinen Ausflug einlädt. Doch sollte man darauf vorbereitet sein, dass die Landschaftsarchitekten es sich dabei nicht nehmen liessen, darauf hinzuweisen, wie kultiviert Renaturierung letztlich abläuft.

Denn zwischen Kamille und Mohn kommuniziert der gewundene Lauf der befreiten Aire heute spielerisch mit seinem alten Kanal, der einmal als breite Rasenfläche mit langen Bänken Picknickmöglichkeiten in Hülle und Fülle bietet, um dann wieder als stehendes Gewässer Enten, Gänse, Reiher und Eisvögel anzulocken. Auf halber Strecke bietet ein hoher, teilweise überwachsener Rundbogen Joggern und witternden Jagdhunden eine erste Schattenoase. Vor der Autobahnbrücke der N1 hindern dicke Holzpfosten, aufgereiht nach Notationen des Komponisten John Cage, das Treibholz daran, Schaden an den Errungenschaften der Zivilisation anzurichten. Und die Wellen der Aufschüttungen zwischen dem alten Kanal und der frei fliessenden Arve imitieren in ihrem Auf und Ab nicht zufällig die Linien des Salève-Höhenrückens am Horizont.

Letzteres aber sieht nur der Kenner – genauso wie sich nur Eingeweihte durch die kleine Apfelplantage am Wegesrand an den Landwirt Chevalley erinnern lassen, der den Weinbauern ringsumher mit Langmut das merkwürdige Treiben der »Renaturalisierer« verständlich machte.

Adresse 1233 Bernex | ÖPNV Bus 42, Haltestelle Pont de Lully | Tipp Geübte Reiter können sich für 20 bis 30 Franken auf dem Hof »Écurie du Pêcher« im Chemin des Écoliers im Dorf Laconnex (Bus L, Haltestelle Laconnex, Village) Pferde ausleihen, um die Landschaft rund um die renaturalisierte Aire zu Pferd zu entdecken.

18 Bei den Calandrinis

Die endgültige Gentrifizierung des Mittelalters

Die reformierte Händler-Oligarchie der Familie Calandrini tat sich schwer mit der Entscheidung für Genf. 19 Jahre lang zog man nach der Flucht vor der italienischen Gegenreformation aus dem toskanischen Lucca kreuz und quer durch Europa, streifte Paris, siedelte in Antwerpen, testete Frankfurt, Lyon, Sedan, London. Knapp zehn Jahre nach der Bartholomäusnacht von 1572 aber entschloss man sich, das Familienvermögen vor dem katholischen Antichrist in die Stadt Calvins hinüberzuretten: nach Genf. Immerhin waren die befreundeten Kaufmannsfamilien Diodati und Turretini diesen Weg erfolgreich gegangen. Und auch das Werben alteingesessener Genfer Honoratioren trug zur Entscheidung bei.

Und so kauften die Calandrinis im Jahre 1580 auf dem höchsten Punkt der Altstadt drei Filetgrundstücke, bebaut mit engen mittelalterlichen Wohnhäusern an der heutigen Rue du Puits-Saint-Pierre schräg gegenüber dem Rathaus. Sie entkernten sie bis auf die Grundmauern und verwirklichten in den schmalen Gebäuden ihre grosszügigeren Vorstellungen vom Wohnen in der Stadt.

Die frühneuzeitliche Gentrifizierung der Genfer Altstadt nahm damit ihren Lauf und brachte viel Geld und das Druckhandwerk in die Kommune. Nur murrend erlitt so mancher Genfer diesen Überfall auf seine Lebenswelt und wehrte sich mit seinen kleinbürgerlichen Mitteln. Er taufte seinen Hund auf den Namen des Schuldigen an der ganzen Misere. Und bald schon schallten rund um die Anwesen der Calandrinis und Turretinis die heiseren Befehle: »Sitz, Calvin!« und »Gib Pfötchen, Calvin!«.

Über der Holztür der Grand-Rue 39 aber prangen noch heute die Initialen der Calandrinis, und wenn man die Tür mutig aufstösst, ist durch die gläserne Zwischentür das Renaissance-Treppenhaus gut zu erkennen. Seine schöne Aussenfassade sieht man am besten direkt nebenan, vom Musée Tavel aus, das auch den Calandrinis gehörte.

Adresse Grand-Rue 39, 1204 Genf | **ÖPNV** Bus 36, Haltestelle Hôtel-de-Ville | **Tipp** Selbst wenn es verlockend ist, sich in der Grand-Rue 39 zum stilvoll servierten Espresso vor die Brasserie Hôtel-de-Ville auf die Strasse zu setzen: Es lohnt sich, innen Platz zu nehmen, um die allemal angeregten Diskussionen der Genfer Honoratioren, Lobbyisten und Politiker live zu beobachten. Auf dem Weg zur Toilette gibt es übrigens einen unverschlossenen Notausgang – mitten hinein in das Treppenhaus der Calandrinis (Mo–Fr 8–0 Uhr, Sa, So 10–0 Uhr).

19_Calvins Hühnerleiter

Auf dem Schleichweg in die Bildung

Hinter den beiden stattlichen Gebäuden des Collège Calvin erheben sich die Türme der Kathedrale St-Pierre, Trutzburg der Genfer Reformation und Inbegriff des Calvinismus. So ist das seit bald 500 Jahren. Am 5. Juni 1559 las Michel Roset hier die berühmten Leges Academiae Genevensis, die Präambel zur Gründung des ersten Genfer Gymnasiums, des Collège de Genève. Seitdem versammelte sich die junge Elite des französischsprachigen Protestantismus an diesem Ort. Das Collège sollte das wahre Reich des Calvinismus werden.

Kam also hier am heutigen Collège Calvin (das natürlich längst allen Genfer Gymnasiasten zugänglich ist) in Geist und Materie zusammen, was im Protestantismus zusammengehörte: Kirche und Bildung? »Ganz falsch«, sagt Armin Westerhoff, der Deutsch-Doyen des ruhmreichen Gymnasiums, das erst seit der Bildungsrevolution von 1968 zähneknirschend andere Gymnasien neben sich duldet: »Es liegt in der Natur des Protestantismus, dass er die Kirche abschafft. Gerade an seinen Schulen. Selbst die Osterferien wollte man jetzt in Frühjahrsferien umtaufen. Aber kommen Sie mit. Wir können den steinigen Weg der Säkularisierung zwischen dem Collège und der Kirche gern einmal abgehen.« Der schmale Fussweg zur Kirche beginnt direkt hinter dem Südflügel der Schule. Hier geht es vorbei an hellen Klassenräumen rechts und Stacheldrahtrollen auf den hohen fensterlosen Mauern des Justizpalasts links, dann quer durch ein Wohnhaus, um am unteren Rande des Place du Bourg-de-Four einzumünden. Statt an der Kathedrale landen die lebenshungrigen Gymnasiasten also bei den angesagtesten Apéro-Kneipen der Stadt. Und wohl nur wenige von ihnen lassen diesen schönen Ort links liegen, um in eine zweite dunkle Stiege schräg gegenüber einzutauchen: in die Passage des Degrés-de-Poules, die Hühnerleiter, die als Himmelsleiter direkt zur protestantischen Kathedrale hinaufführt.

Adresse Rue Théodore-de-Bèze 2–4, 1201 Genf | **ÖPNV** Bus 36, Haltestelle Saint-Antoine | **Öffnungszeiten** Der Schulhof und das Gebäude sind theoretisch frei zugänglich und vom Innenhof aus als Gebäudedenkmal mit seiner Erinnerungstafel sehr sehenswert. | **Tipp** Das Drei-Sterne-Hotel Bel'Espérance der Heilsarmee in der Rue de la Vallée 1 ist angenehm klein, einfach und sehr freundlich geführt, bei – für Genfer Verhältnisse – moderaten Preisen. Es liegt direkt unterhalb des Collège Calvin und zwei Fussminuten vom schönen Place du Bourg-de-Four mit seinen Cafés und Restaurants entfernt.

20_Cave12

Underground-Experimente, wörtlich genommen

Der Cave12 ist nicht weniger als Genfs heimliches Zentrum für experimentelle und alternative Musik. Konzertsaal, Studio und Experimentierfeld zugleich, ist es seit mehr als 30 Jahren ein Ort, der nahezu im 24-Stunden-Rhythmus mit überraschenden Entdeckungen und neuen musikalischen Begegnungen aufwartet.

Gegründet wurde Cave12 im Keller des besetzten Hauses am Boulevard de la Tour 12, das den Verein von 1989 bis zur Räumung im Jahr 2007 beherbergte. Danach gastierte die Betreiber-Crew nomadisch in verschiedenen Konzertsälen der Stadt, bis Cave12 im Jahr 2013 seine heutige Bleibe im Keller der Rue de la Prairie 4 bezog. Am Vorplatz der Genfer École d'ingénieurs (HEPIA) führt eine weiss gekachelte Rampe hinab in eine Art unterirdisches Vorzimmer, in dem man schlagartig nur noch schwarz vor Augen sieht. Doch lassen Sie sich davon nicht abschrecken. Wenn sich die Augen erst an das schwache Licht gewöhnt haben, findet man sogar den Weg vorbei an der Bar und dem Mischpult zur Bühne. Eine Bühne übrigens, die von den Musikern häufig links liegen gelassen wird, um auf gleicher Höhe mit dem Publikum zu spielen, einem bunt gemischten Publikum jeden Alters: Musiker, Künstler, aber auch Fans, die für den Auftritt ihrer Stars um die halbe Welt reisen. Die Konzerte beginnen, wenn in einem kleinen rituellen Akt hinter der Bar feierlich der Samtvorhang für den so erst entstehenden »Konzertsaal« zugezogen wird.

Aus der Hausbesetzerszene stammend, wird der wirtschaftlich wacklige Cave12 mit grossem Engagement von einem ehrenamtlich arbeitenden Team betrieben, inzwischen aber auch mit öffentlichen Mitteln gefördert. Diesem Club mit seiner in Genf einzigartigen Mischung aus prickelnder ästhetischer Spannung und tiefenentspannter Alternativ-Atmo gelingt es so bis heute, auf regionale wie internationale Avantgardemusiker neugierig zu machen.

Adresse Rue de la Prairie 4, 1202 Genf | **ÖPNV** Bus 6, 9, 10 ,19, NC, Haltestelle Prairie | **Tipp** Der Parc Geisendorf ist eine öffentliche, fünf Hektar grosse Grünanlage, die bis ins 18. Jahrhundert landwirtschaftlich genutzt wurde. 1931 wurde sie mit einer Vielzahl unterschiedlicher Baumarten bepflanzt, und in den frühen 1950er Jahren entstand in seiner Mitte ein von Georges Brera und Paul Waltenspühl entworfener modernistisch aus Holz-, Stein-, Glas- und Stahlelementen zusammengesetzter Grundschulkomplex: eine noch heute beispielgebende Einbindung eines Lernortes in Stadtnatur.

21 Der Champel-Turm

Wo sich's die Hautevolee Europas wohl sein liess

Der Turm des ehemaligen Thermalbads im Chemin de la Tour-de-Champel gehört zu den neogotischen Torheiten des 19. Jahrhunderts. Von der Anhöhe des Stadtteils Champel blickt er als Überrest des feudalen Thermalbads auf die Altstadt hinunter. Wobei »Überrest« in Anführungszeichen zu setzen ist: Der Turm war als Marketingelement des Bads von Anbeginn als nicht besteigbare Ruine angelegt. Der weite Blick auf die Ebene wird heute leider arg durch das Schwimmbad von Carouge dominiert.

Thermalbäder waren im 19. Jahrhundert en vogue und galten als gute Kapitalanlage. So stammte auch das Bad in Evian von Genfer Investoren. Guy de Maupassant, der 1891 in Champel weilte, beschrieb dieses Universum 1886 in seinem Roman »Mont-Oriol«. Schon 1847 gab es eine Badeanstalt mit medizinischem Schwerpunkt – an den Ufern der Arve, wo heute die Rue des Bains verläuft. 30 Jahre später entstand dann auf Initiative des Anwalts David Moriaud in Champel und Roseraie diese riesige Thermalanlage. Die Nähe zum touristisch attraktiven Genf war die Trumpfkarte. Ausserdem brachte man dafür die Geschichte vom Schmelzwasser des Mont Blanc, das morgens zwischen neun und zehn Uhr frisch und rein in Genf eintrifft, in Umlauf. Nach 1918 kam der Betrieb allmählich zum Erliegen, das Gelände wurde für die Ausdehnung der Stadt zerstückelt, doch 40 Gebäude blieben erhalten.

Auf dem Rückweg durch den Chemin de la Tour-de-Champel stehen die Villen, die einst für die Kurgäste von nah und fern errichtet worden waren. Die Villen Nr. 15 und Nr. 17 am Chemin Venel bilden ein besonders hübsches Paar, beachtenswert sind aber auch die Häuser mit den geraden Nummern am Chemin de l'Escalade, darunter die Nr. 4, die 1847 als erstes Haus gebaut worden war. Vom Chemin Maurice Roch entdeckt man schnell die ehemaligen Hauptgebäude der Bäderanlage.

Adresse Chemin de la Tour-de-Champel 13, 1206 Genf | ÖPNV Bus 3, Haltestelle Calas | Tipp Machen Sie einen Spaziergang oder eine Mittagspause im nahe gelegenen Alfred-Bertrand-Park (Avenue Peschier). Die Rutsche Jumbo III ist ein Werk des Künstlers Pierre Siebold.

22 Chez Quartier

Die Kultur der Tea Rooms

Die Menschen in Genf gehen ins Café, um sich beim Renversé (Milchkaffee), Exprès oder Tee mit anderen Menschen zu unterhalten. Selten begegnet man aufgeklappten Laptops und auch kaum Gästen, die mit ihren Handys beschäftigt sind. Das gilt nicht nur für Chez Quartier, sondern für die über 100 Genfer Tea Rooms. Diese Salons de Thé sind Interpretationen der chinesischen Teehäuser. Sie hatten sich in der Schweiz, aus dem viktorianischen England kommend, zu Beginn des 20. Jahrhundert zunächst als öffentliche Räume für Frauen etabliert. Allen gemeinsam ist, dass sie schon früh morgens öffnen und meist vor 17 Uhr schliessen – und nicht viel mit den üblichen Gasträumen von Bäckereien oder gar mit Konditoreien zu tun haben.

Das Chez Quartier liegt gegenüber dem Collège Voltaire und befindet sich nur einen Katzensprung entfernt von Voltaires ehemaligem Wohnhaus in den Délices, einem Park, der einst bis hinunter zum Bahnhof reichte. Es ist ein besonders charmanter Tea Room. Von Februar bis Oktober kann man auch draussen sitzen und dem regen Leben auf der Rue Voltaire zusehen. Bei Chez Quartier wird selbst gebacken, und die Bewohner des Stadtteils lieben das dunkle Brot. Nach dem Prinzip der Selbstbedienung nimmt man sich einen Teller, legt nach Wunsch kleine, appetitliche, von der netten Crew selbst gemachte belegte Sandwiches mit Thunfischcrème, Cenovis (ein Schweizer Hefeextrakt aus der Tube) oder verschiedenen Käsesorten, kleine Croissants, bunte Mini-Quiches, Himbeertörtchen oder Zitronentarte darauf und sucht sich einen Platz im winzigen, etwas nostalgisch eingerichteten Gastraum, in dem man nie allein ist.

Auch prominente Genfer kommen hierhin, um ihre Zeitung zu lesen und den Tag zu beginnen, eine Pause einzulegen oder mittags die täglich wechselnde warme Suppe zu löffeln.

Adresse Rue Voltaire 24, 1201 Genf | **ÖPNV** Bus 6, 9, 10, 19, Haltestelle Prairie, von dort hinab in die Rue Voltaire | **Öffnungszeiten** täglich ausser Mo 7–18.30 Uhr | **Tipp** Der engagierte anarchistische Buchladen nebenan ist benannt nach einem Roman von Ray Bradbury: »Fahrenheit 451«, der Geschichte einer Gesellschaft, in der es verboten ist, zu lesen und Bücher zu haben.

23 Die Cité du Lignon

Satellitenstadt mit Weitblick

Aufgrund der demografischen Entwicklung des Kantons Genf wurden in den 1960er Jahren Projekte für Grosssiedlungen vorangetrieben, darunter auch die Pläne für die Cité du Lignon. Eine 28 Hektar grosse, zur Gemeinde Vernier gehörende Fläche in einer bewaldeten Rhôneschleife südwestlich von Genf, deren Name Lignon sich von der früheren Nutzung als Flachsanbaufläche herleitet, wurde für den Bau einer neuen Wohnsiedlung ausgewählt. Die urbane Struktur für 10.000 Bewohner sollte Verwaltungsgebäude, Geschäfte, Handwerk, kulturelle Einrichtungen sowie Sport- und Freizeitanlagen und Kirchen unterschiedlicher Konfession enthalten. Mit der Planung beauftragt wurde die Genfer Agentur Addor & Julliard, die der Anweisung, so wenig Bodenfläche wie möglich zu bebauen, um so viel Grünfläche wie möglich zu erhalten, nachkam. Die Ferme du Lignon, ein Bauernhof im Nordwesten des Baugebiets, der sich bis heute gehalten hat, mag dafür symbolisch einstehen. Die fast 1,1 Kilometer lange Wohnzeile, die zwischen 1963 und 1971 hochgezogen wurde, passt sich der hügeligen Landschaft an. Insgesamt entstanden 2.800 Wohnungen, hell und mit weitem Blick übers Land – in zwei der bis zu 30 Stockwerke hohen Wohntürmen, gibt es öffentliche Schwimmbäder auf dem Dach, die Zufahrt verläuft unter dem Gebäude. Vom etwas höher gelegenen zentralen Platz geht man am besten zu Fuss weiter. Dabei überrascht die abwechslungsreiche Fassade der Wohnhauszeile, die mit ihren bunten Vorhängen und Markisen wie ein grosses Mosaik wirkt.

Die etwas abfällig »Satellitenstadt« genannte Cité Lignon trotzt bis heute dem Vorurteil, dass eine Hochhaussiedlung automatisch Exklusion und Kriminalität bedeutet. Dank der sozialen Vielfalt und der Lebensqualität durch die gelungene Städteplanung, nicht zuletzt auch wegen der wunderschönen Aussicht aus den Wohnungen, wohnen die Genfer anscheinend gern hier.

Adresse Place du Lignon, 1219 Le Lignon (Vernier) | ÖPNV Bus 7, 9, 28, Haltestelle Lignon-Cité | Tipp Überqueren Sie die Rhône auf der Fussgängerbrücke von Lignon, die sich etwas weiter im Westen befindet. Folgen Sie der Strasse auf der anderen Uferseite flussabwärts bis zur schmalen Brücke von Chèvres und weiter an der Parfümfabrik vorbei bis zur Haltestelle Vernier-Parfumerie. Von hier geht es entweder weiter mit der Linie 53 bis Vernier-Village und von dort mit den Linien 6 oder 19 zurück in Richtung Genf oder zu Fuss weiter bis zur Haltestelle Vernier-Village (etwa 20 Minuten).

24 Dostojewski im Pâquis

Der Idiot kommt zu Papier

Ruhelos und abenteuerlich war die Europareise des russischen Autors Fjodor Dostojewski mit seiner Frau Anna Grigorjewna, eine Reise, die ihn – immer auf der Flucht vor den Gläubigern ihrer Spielschulden – über Dresden und Basel auch nach Genf führte. Von August 1867 bis Mai 1868 verschnauften sie an der Rue du Mont-Blanc 16 am Eingang des Pâquis-Viertels, das sich in diesen Jahren durch die Schleifung der Festung zwischen dem heutigen Bahnhof, der anglikanischen Kirche und dem See hatte weiter ausbreiten können. Ironischerweise befand sich im Erdgeschoss ihres Hauses eine Wechselstube.

Hier kam ihre erste Tochter, Sonja, zur Welt, wurde in der ein Jahr zuvor geweihten russisch-orthodoxen Kirche getauft und drei Monate später auf dem Friedhof des Rois beerdigt. Und hier brachte Dostojewski den Beginn seines Romans »Der Idiot« zu Papier, auf dessen ersten Seiten sich in dem banalen Wortwechsel zwischen Lew Myschkin und Parfjon Rogoschin sein Ursprungsort fast geisterhaft einschleicht: »Sie kommen zweifellos aus dem Ausland? Ja, ich kehre aus der Schweiz zurück. Teufel auch, da kommen Sie von weit her!«

Ja – »Teufel auch« –, der Autor mochte weder Genf noch seine Einwohner. »Das ist keine Stadt, sondern ein Martyrium. Tagelang nur Wind und Sturm.« Auch gab er Genf die Schuld am Tod seiner Tochter. Er mischte sich selten unter die grosse russische Gemeinde, zu der viele politische Exilanten zählten. Einzige Ausnahme war der Publizist Nikolai Ogarjow, bei dem er Michail Bakunin kennenlernte, der 1867 zum Friedenskongress angereist war. Dostojewski bewunderte die Ausstrahlung und die Energie des Anarchisten, auch wenn er politisch anderer Meinung war. Ihn hatte er übrigens im Sinn, als er für »Die Dämonen« die Figur des Nikolai Stawrogin schuf. Sobald es dem Ehepaar Dostojewski möglich war, zogen sie von Genf nach Vevey, der nächsten Etappe ihrer rastlosen Reisejahre.

Adresse Rue du Mont-Blanc 16, 1201 Genf | **ÖPNV** Bus 6, 8, 9, 25, 61, Haltestelle Mont-Blanc | **Tipp** Der Mont-Blanc-Square ist eine grüne Insel der Ruhe inmitten des geschäftigen Treibens der Stadt.

25 Der Duft der Welt

Die Parfümwolken von Firmenich

Immer wieder schwärmen oder klagen die Bewohner der südwestlichen Genfer Innenstadt über den Duft, der über der Stadt schwebt. Firmenich, 1895 als Chuit & Naef gegründet, ist der weltweit zweitgrösste Hersteller von olfaktorischen Substanzen: »… we create fragrances and flavors for the world's most desirable brands, delighting billions of consumers every day«, so die Firmenwebseite.

Da flüchtige Firmenich-Düfte in die Welt exportiert und dafür Substanzen von allen Kontinenten nach Genf importiert werden, ist Firmenich im Prinzip ortlos und eignet sich kaum dazu, in einem 111-Orte-Reiseführer seine räumliche Zuschreibung zu bekommen. Flaniert man durch den Katalog der käuflichen Ingredienzien auf der Firmenwebseite, wird man überrascht sein, wie präzise die unzähligen Substanzen, zunächst eingeteilt in »natürlich« und »synthetisch«, sodann kategorisiert als woody, spicy, watery, musky, green, sweet, balsamic, animalic, gourmand (und so weiter), nicht nur *olfaktorisch* beschrieben werden. Minutiös werden Pflanzenabbildungen mit ihren lateinischen Namen, Diagramme der chemischen Substanzen mit ihren Eigenschaften, Verwendungszweck, Herkunftsort und Bezugsquelle sowie die Extraktionsweise der Duftstoffe gelistet und beschrieben. Sieben natürliche Lavendelgrundstoffe gibt es, die alle aus Frankreich kommen, während Mimosenblüten auch aus Indien und Marokko stammen. Das bis ins 19. Jahrhundert auch medizinisch angewandte Castoreum, das sogenannte Bibergeil, ein zutiefst animalischer Duft, wird unter dem Namen Firbest von Firmenich hergestellt.

Düfte haben ihre eigenen Rezeptionsmuster. Sie zu beschreiben, ist eine Kunst für sich und braucht ein umfangreiches, oft als subjektiv oder sogar poetisch empfundenes Vokabular. Firmenich gilt auch als »House of Musk«, als »Haus des Moschus«, und ist mit »Muscone« der erste Hersteller eines synthetisch hergestellten Moschusaromas.

Adresse Route des Jeunes 1, 1227 Les Acacias, Genf | ÖPNV Tram 14, zum Beispiel ab Gare Cornavin bis Jonction, dann zu Fuss über die Rue des Deux-Ponts nach Südwesten über die Brücke | Tipp Ein Peripherie-Spaziergang an der Arve entlang, die mit ihrer Schmelzwasserfärbung und den vielen Vögeln ganz anders als die Rhône anmutet. Über die Pont Hans-Wilsdorf gelangt man dann schnell wieder in die belebte Innenstadt.

26_Esperanto am Vieux-Collège

Universell und doch nur eine Sprache unter anderen

In der Rue du Vieux-Collège 12 erinnert seit 1934 eine kleine, in ZEO-oj (Zamenhof/Esperanto-objektoj) geschriebene Gedenktafel an Ludwik Lejzer Zamenhof, den Erfinder der Plansprache Esperanto, der 1905 mit seiner Frau Klara in Genf Station machte. Sie wohnten bei Théodore Renard, einem Esperanto-Sprecher der ersten Stunde. Das ursprünglich links von der Treppe hängende Schild wurde 2009 zum 150. Geburtstag Zamenhofs vom grünen Schleier des Vergessens befreit und umgehängt.

Auch wenn Zamenhof selbst nur kurz in Genf weilte, spielten die Aktivitäten der Esperanto-Anhänger, zu denen Edmond Privat, Hector Hodler (Sohn des Malers Ferdinand Hodler) und René de Saussure (Bruder des berühmten Linguisten) zählten, in Genf eine grosse Rolle. Zusammen organisierten sie den Zweiten Esperanto-Weltkongress 1906 in Genf. Zamenhof soll angeblich gesagt haben: »Ohne eigene Nationalsprache ist die Schweiz das neutralste Land Europas und bietet daher den besten Ort für einen humanistisch neutralen Kongress. Ich möchte sogar vorhersagen, dass die Schweiz eines Tages dauerhaft das natürliche Zentrum aller Esperanto-Sprecher werden wird.« Er war überzeugt, dass eine einheitliche, neutrale Sprache der Schlüssel zum Weltfrieden sei.

Schon in seiner Kindheit in Bialystok faszinierte ihn die biblische Geschichte vom Turmbau zu Babel. In seiner Heimatstadt wurde polnisch, deutsch, russisch, jiddisch und hebräisch gesprochen, doch die Sprachgemeinschaften misstrauten sich. 1878 erfand er mit 19 Jahren die *Lingwe Uniwersale*, aus der später Esperanto (wörtlich »ein Hoffender«) hervorging, das heute von elf Millionen Menschen gesprochen wird. Bei den Vereinten Nationen wird Esperanto von der Schweizerischen Esperanto-Gesellschaft vertreten.

Adresse Rue du Vieux-Collège 12, 1204 Genf | **ÖPNV** Bus 7, 10, A, E, G und Tram 12, Haltestelle Rive | **Tipp** Unter der Feuertreppe im Hof des zweiten Gebäudes des Collège Calvin in der Rue d'Italie findet man das sehenswerte Schrift-Bild »st« (Ohne Titel, 2004) von Christian Robert-Tissot (besser einsehbar von der Rue d'Aoste 4).

27 Die Fahnen-Strasse

Pferdehändler an der Stadtmauer

Warum ist die hübsche, breite und zentral gelegene Rue de la Corraterie, die noch bis zum Beginn des 20. Jahrhunderts schnurgerade bis zur Rhône hinab führte, das ganze Jahr über beflaggt?

Das protestantische Holland unterhielt gute Beziehungen zum reformierten Genf, in dem viele Glaubensflüchtlinge eine neue Heimat gefunden hatten. Im Jahr 1661 beteiligte es sich am Ausbau der Festungsanlagen durch Errichtung von vier neuen Bastionen. Der Name Holländische Bastion für das Bauwerk am Eingang der Strasse kommt daher. In den Reitställen an der Promenade de la Corraterie (Corratier bedeutet Pferdehändler) wurden bis zum Beginn des 18. Jahrhunderts wohlhabende Bürger im Reiten ausgebildet. Die Genfer flanierten hier, und vor den Vorhängen der Reitzelte standen Schaulustige – bis im Jahr 1708 die Ställe verlegt wurden. Anfang des 18. Jahrhunderts entwickelte sich die Umgebung schnell, und grosse Schmieden entstanden, die bis ins 19. Jahrhundert betrieben wurden. Die niedrigen Häuser unterhalb der Stadtmauer zeugen heute noch von dieser Nutzung. Im Jahre 1826 beschloss die Stadt einen neuen Bebauungsplan und es entstand zur Altstadt hin das schöne klassizistische Architekturensemble.

Aber warum die Flaggen? Die Antwort aus dem »Journal de Genève« vom Mai 1964: »Verbände, Gruppen, Unternehmen und Einzelpersonen sollten eine Dekoration entwickeln, die dem 150-jährigen Bestehen würdig ist. (1814 wurde Genf als 22. Kanton in die Eidgenossenschaft aufgenommen.) Bereits der Verband der Interessen der Corraterie hat 57 Schweizer und Genfer Flaggen erworben, die abwechselnd im zweiten Stock der Gebäude platziert werden. Die Association des intérêts de la Corraterie, von den Strassenhändlern im Jahr 1947 gegründet, ist immer noch aktiv und kümmert sich auch um die Weihnachtsbeleuchtung, die an denselben Fahnenstangen angebracht wird.«

Adresse Rue de la Corraterie, 1204 Genf | ÖPNV Tram 12, 15, Place De-Neuve | Tipp Das Kino Ciné 17 (www.cine17.ch), Rue de la Corraterie 17, untergebracht in der ehemaligen Remise des dahinter liegenden herrschaftlichen Hauses de Saussure (auch Hôtel Lullin genannt und im Jahr 1707 erbaut), ist mit einem Saal, 81 Ledersesseln sowie einer kleinen Bar ein feines und gut besuchtes Kino.

28 Der Feenstein

Hinkelsteinkunde für Reiselustige

Der Feenstein war Teil einer keltischen Megalithanlage, die vermutlich um 4000 v.Chr. aus versprengten Granitblöcken errichtet wurde. Die Blöcke selbst waren wohl mit dem Rückzug der Gletscher vor 15.000 Jahren zum Vorschein gekommen. Der y-förmige dreibeinige Riesentisch ist aus fünf Findlingen zusammengesetzt, die zum Teil mit Ornamenten versehen sind, und erzählt von der Kontinuität unterschiedlichster, Jahrtausende währender Kulthandlungen. Zugleich aber diente dieses steinerne Grab in der Gemeinde Troinex vom Mittelalter bis ins 19. Jahrhundert als Grenzstein. Der südlichste Stein der Anlage markiert wahrhaftig noch heute exakt die Grenze zum ehemaligen Weiler Pierre-Grand.

Einer dieser fünf Steine, die die Kultstätte bildeten, hatte in den letzten 150 Jahren eine – im wahrsten Sinne des Wortes – bewegte Geschichte. Eingraviert in ihn sind vier Figuren. Es handelt sich um Göttinnen oder Feen, Götter oder Zauberer – hier gehen die Meinungen auseinander.

1872 wurde dieser Stein aus dem Ensemble entfernt und in den Parc des Bastions gebracht, dann, 1942, in den Innenhof des Museums für Kunst und Geschichte. 1998 wurde davon eine Kopie angefertigt, die nahe dem Zentrum von Troinex mit anderen – echten – Hinkelsteinen zu einem neuen megalithischen Ensemble zusammengesetzt wurde.

Inzwischen steht der Feenstein also nach einer 125-jährigen Reise durch Genf wieder in der Nähe seines ursprünglichen Fundorts – allerdings nicht das Original, das sich nach wie vor im Museum befindet, sondern sein Duplikat. Den Standort der Kopie aber sollten Sie zum Anlass nehmen, sich ebenfalls auf den Weg nach Troinex zu machen, eine schöne ländliche Gemeinde im Einzugsgebiet von Genf. Vielleicht stärken Sie sich aber erst im schönen Café im Innenhof des Museums für Kunst und Geschichte neben dem Original-Hinkelstein, bevor Sie sich mit dem Bus auf den Weg nach Troinex machen?

Adresse Musée d'art et d'histoire: Rue Charles-Galland 2, 1206 Genf; Troinex: Chemin Jacques-Ormond, 1256 Troinex | **ÖPNV** Bus 12 Rive Richtung Palettes, Haltestelle Rondeau de Carouge, danach Bus 45, Haltestelle Troinex-Mairie | **Öffnungszeiten** Museum: Di–So 11–18 Uhr | **Tipp** Wenn Sie sich nicht auf den langen Weg nach Troinex machen wollen, könnten Sie sich vom Museum für Kunst und Geschichte aus auch auf die Promenade de l'Observatoire begeben, wo sich bis 1969 eine Sternwarte befand.

29 Auf der Festungsinsel

Rousseaus 180-Grad-Wende

300 Jahre lang, von der Mitte des 16. bis zur Mitte des 19. Jahrhunderts, war Genf eine protestantische Trutzburg: calvinistisch, humorlos und im Widerstand gegen alles, was Lebensfreude und bürgerliche Hochkultur verhiess. Dann schliff man die Bastion und baute auf ihren Trümmern das heutige Genf der Banken, Hotels und Modehäuser. Nichts sollte von der überkommenen Festung übrig bleiben. Nichts – bis auf ein kleines, von den Wassern des Léman umspültes Inselchen, das als letztes Relikt von Genfs einstiger Burgmentalität berichtet. Doch um diese wehrhafte Funktion der so lieblich anmutenden Insel unter den Platanen zu erkennen, muss man sich statt auf die zivile Fussgängerbrücke, die Pont des Bergues von 1832, schon auf die ungleich verkehrsreichere Pont du Mont-Blanc bemühen.

Um sie endgültig zu befrieden, platzierte man 1835 in die Mitte der Insel eine Bronzestatue Jean-Jacques Rousseaus, des berühmtesten Genfer Sohns, der sich im Jahre 1728 aufgrund der rigiden Schliesszeiten vor der verschlossenen Bastion wiederfand. Der kalte Hinauswurf aus der Festung Genf wurde für den 16-jährigen zum Auslöser für seine spätere Karriere als einer der wichtigsten politischen Philosophen Europas. Unser gesamtes Nachdenken über Bildung, Demokratie, Gefühle, Identität, Religion – es gibt wohl kaum etwas, was damals als europäisches Selbstbewusstsein nicht entscheidend von Rousseau vorgedacht worden wäre.

In seine Heimatstadt aber kehrte er nur noch einmal zurück, 1754, als ihm feierlich die Staatsbürgerrechte verliehen wurden. Acht Jahre später gab der »Citoyen de Genève« sie nach der Verbrennung seines »Gesellschaftsvertrags« wieder zurück. Erst zu seinem 300. Geburtstag im Jahre 2012 fand mit einem einfachen Trick seine Wiedereinbürgerung statt: Rousseaus Statue wurde um 180 Grad gedreht. Seitdem schaut er statt auf den See zurück auf seine Stadt.

Adresse Die Insel ist am Ausfluss des Genfer Sees in die Rhône zwischen der Pont du Mont-Blanc und der Pont des Bergues gelegen. Erreichbar über die Fussgängerbrücke. | ÖPNV Bus 6, 8, 9, 25, Haltestelle Mont-Blanc | Tipp Wer nach dem Besuch der Rousseau-Insel einen gepflegten Kaffee nötig hat, sollte sich den Luxus gönnen, gegenüber im Four-Seasons-Hôtel des Bergues einzukehren. Aber nehmen Sie nicht den Eingang zum Café, sondern treten Sie durch den herrschaftlichen Hotel-Eingang ein. Das Blumenbouquet hier ist den Umweg wert! Der Service und der hausgemachte Chocolat chaud (12 CHF) auch.

30_Der Flusslauf der Rhône

Zu Fuss bis zum Zusammenfluss mit der Arve

Auf einem Wanderweg, der zwischen den beiden Flussarmen der Rhône verläuft, kann man von einem Ufer ans andere wechselnd ganz dicht am Wasser von der Bucht des Genfer Sees bis zur Jonction, dem Zusammenfluss von Rhône und Arve, spazieren.

Der erste Abschnitt führt über eine schwimmende Brücke unterhalb der Mont-Blanc-Brücke, die man erreicht, indem man die Treppe an der Rotonde du Quai du Mont-Blanc hinabsteigt und über einen Ponton entlang der Ufermauer bis zum Beginn des Stegs geht. Das Wasser fliesst schnell zu beiden Seiten direkt neben einem vorbei. Weiter geht es auf dem Quai des Bergues in Richtung der Brücke Pont de la Machine mit dem alten Laufwasserkraftwerk und einer Staustufe. Zur Rechten sieht man noch die alten Hebemechanismen der Schleuse. Ihre Tore jedoch liegen als Kunstwerk der Chilenin Ellen Versluis am nördlichen Ende der Esplanade. Je nach Wasserstand sind sie sichtbar oder vom Wasser überspült. Geht man auf einer Art Balkon um das Gebäude herum, erreicht man über eine zweite kleine Staumauer die Insel. Dort geht der Weg in Flussrichtung weiter, bis man schliesslich vor den alten Genfer Markthallen steht. An ihnen vorbei geht es zu einer Strasse mitten im Fluss und von da aus entweder über eine Treppe auf die Pont de la Coulouvrenière oder unter der Brücke hindurch bis zur Uferpromenade und dem Gebäude des ehemaligen Laufwasserkraftwerks Coulouvrenière, dem man rechter Hand über einen Laufgang folgen kann, bis man das neue Wasserkraftwerk Barrage de Seujet erreicht. Zurück am linken Ufer, kann man dem Fluss weiter folgen, unter der Pont Sous-Terre und entlang dem Pfad der Trauerweiden, Sentier des Saules, bis zur Spitze von La Jonction. Hier steht man nun an einem Zipfel Genfs. Das Geländer fest umklammert, lässt sich das wunderbare Farbspiel des Zusammenflusses der beiden verschiedenfarbigen Flüsse Rhône und Arve von Nahem bewundern.

Adresse In Höhe der Anlegestelle der CGN, Quai du Mont-Blanc 1, 1201 Genf | ÖPNV Bus 6, 8, 9, 25, Haltestelle Mont-Blanc. Zurück in die Stadtmitte geht es mit der Strassenbahn 14 von der Haltestelle La Jonction | Tipp Wandern Sie einfach weiter! Weiter die Arve entlang, über einen Steg, der zu Fuss bis zum Waldgebiet Bois de la Bâtie führt, und folgen Sie hier dem Wanderpfad, der unter den Bäumen einer von Molasse geformten Schlucht entlangführt.

31 Frankie – The Creature

Frankenstein und die literarische Landschaft

»Frankenstein«, dieser Name erobert 1818 von Genf aus als literarischer Bestseller die Welt. 1816 hatte Mary Shelley in der Villa Diodati am linken Seeufer ihren Roman gleichen Namens begonnen, als sie dort mit ihrem Liebhaber, dem Poeten Percy Bysshe Shelly, weilte. 1816, das war das »Jahr ohne Sommer«. Denn ein Jahr zuvor war der Vulkan Tambora in Indonesien ausgebrochen und verdunkelte mit seinen Rauchwolken den ganzen Globus. Dadurch ans Haus gefesselt, schlug ihr gemeinsamer Spiritus Rector Lord Byron vor, Schauergeschichten zu schreiben. Genf und seine Umgebung boten dafür die perfekte Kulisse. Denn die allgegenwärtigen Berge und das schlechte Wetter verstärkten den damals grassierenden Hang zur Romantik und zu düsterer Mystik. Und zweifellos spielte dabei auch Genfs mondäne Modernität jener frühen Jahre des 19. Jahrhunderts eine Rolle. Der Naturforscher Viktor Frankenstein stellte sich zumindest sehr selbstbewusst als Sohn dieser Stadt vor: »Ich kam in Genf zur Welt und entstamme einem der angesehensten Elternhäuser des Landes.«

»Frankie« hingegen, die Bronzefigur der Künstlergruppe KLAT, ist hier am Nordzipfel der Plaine de Plainpalais selbst in seinem modernen Outfit ganz offensichtlich ein Aussenseiter. Von ihrem Sockel herabgestiegen, schreitet die übergrosse martialisch zusammengehauene Figur vornübergebeugt Richtung Salève: ein sehr einsamer, trauriger Gesell vis-à-vis dem bunten Treiben auf den Skaterbahnen. Ihr Standort verweist auf das siebte Kapitel des Romans, in dem Dr. Viktor Frankenstein auf der nächtlichen, von Blitzen erhellten Plaine de Plainpalais seine Kreatur erblickt, die gerade über die Felsvorsprünge des Salève in Richtung Gipfel verschwindet. Doch so nah wie der Roman es uns mit seinen poetischen Verdichtungen und Verschiebungen glauben machen will, ist der Salève von hier aus nun auch wieder nicht.

Adresse Plaine de Plainpalais, 1205 Genf, gegenüber dem Boulevard Georges-Favon 29 | ÖPNV Tram 15, Bus 1, Haltestelle Cirque | Tipp Wenige Meter weiter nördlich steht das Werk »Mond« des Schweizer Künstlers Not Vital, eine grosse Edelstahlkugel mit Vertiefungen, die den Kratern des Mondes nachgebildet wurden. Die polierte Oberfläche der Kugel spiegelt verzerrt seine Umgebung (Rue Harry-Marc, 1205 Genf).

32_Frau Moyniers Puppen

Vom Strassentheater zur festen Spielstätte

Im Jahr 1980 wurden um die 1.000 Marionetten im Genfer Musée Rath am Place De-Neuve ausgestellt – ein Höhepunkt der Karriere der Puppenspielerin Marcelle Moynier. Sie starb, zurückgelehnt in einen Sessel, fast 92-jährig kurz nach der Eröffnungsrede im Musée Rath.

Moynier, aus einer angesehenen Familie von Bankleuten und Rechtsanwälten stammend, gründete 1926 das erste und einzige Marionettentheater Genfs. Seit ihrer Kindheit interessierte sie sich für Musik und Theater, bekam Klavier-, Gesangs- und Sprechunterricht. Nach begeistertem Rhythmus- und Solfège-Studium am Konservatorium – an dem sie schliesslich später selbst lehrte – gründete sie 1908 ihre erste eigene Compagnie, La Roulotte (»Der Wohnwagen«). Um 1920 rief sie mit der Geigerin und Komponistin Laure Choisy das Kindertheater Le Puceron Mauve ins Leben. Inspiriert von einem Marionettenstück, das sie im Grand Théâtre sah, beschloss sie 1929, ein reines Marionettentheater in Genf zu eröffnen. Mit der Truppe der Petits Tréteaux (die »Kleinen Böcke«, wohl in Anspielung auf die provisorischen Bühnen im Freilufttheater), spielte sie im Palais de l'Athénée, um später die Lounge des Altstadthauses ihres verstorbenen Grossvaters als Spielort auszubauen. Die Truppe ging auf Tournee und trat in Paris zur Weltausstellung von 1937 auf.

Das Théâtre des Marionnettes de Genève hat seit 1980 einen festen Spielort in der Rue Rodo; es widmet sich ausschliesslich dem Puppenspiel und versteht sich als generationenübergreifend. Der Spielplan ist gut angefüllt mit Gastspielen und eigenen Produktionen. Wenn man sich dafür interessiert und sich vorher mit den Mitarbeitern in Verbindung setzt, darf man den historischen Dachboden mit der Sammlung der über 1.000 Marionetten besuchen, die einen feierlich – oder flehentlich – durch transparente Plastikverpackungen anblicken: Wann dürfen wir endlich mal wieder auf die Bühne?

Adresse Rue Rodo 3, 1205 Genf | **ÖPNV** Tram 15, Haltestelle Acacias oder Tram 12, 18 und Bus 1, Haltestelle Pont d'Arve; Bus 11, Haltestelle Epinettes | **Öffnungszeiten** Programm auf der Webseite unter www.marionettes.ch | **Tipp** Wer sich für Handpuppen und Textilien interessiert, sollte unbedingt das nahe gelegene MEG, Musée d'ethnographie de Genève, besuchen.

33 Der Friedhof der Könige

Berühmtheiten und Pesttote auf dem Zentralfriedhof

Ein Friedhof ist immer eine merkwürdige Mischung: charakteristisch für die Gründungsepoche, wird er später zum Palimpsest der Ewigkeit, und das gilt auch für den Cimetière des Rois. Gegründet im 15. Jahrhundert als Grabstätte für die Pesttoten aus den umliegenden Spitälern, dient er heute als letzte Ruhestätte für bedeutende Persönlichkeiten aus Genf oder dem Ausland, die der Stadt einen besonderen Verdienst erwiesen haben.

Auch wenn der Friedhof den Beinamen »Genfer Pantheon« trägt, ähnelt er mitnichten den gleichnamigen Orten in Rom oder Paris. Sein Name leitet sich von der Strasse ab, die nach den »rois« (dt. Königen) heisst – so hiessen ab dem 16. Jahrhundert aber einfach die Anführer der leichteren Infanterie, der »Arkebusiere«. Der Park mit seinem wunderschönen Baumbestand erinnert an einen englischen Friedhof. Es gibt 350 Gräber – nur berühmte Persönlichkeiten oder Mitglieder einer Familie, die bereits im Besitz einer Grabstätte ist, dürfen hier noch beerdigt werden.

Im zweiten Drittel findet sich links das Grab der Grisélidis Réal, einer Prostituierten, Autorin, Künstlerin und militanten Aktivistin, die 2005 ursprünglich auf dem Friedhof Petit-Saconnex bestattet worden war. 2009 wurden ihre sterblichen Überreste hierher überführt, was eine grosse Diskussion auslöste. Gleich daneben befindet sich das Grab des argentinischen Schriftstellers Jorge Luis Borges, der sich gewünscht hatte, in Genf, wo er wiederholt und bis zu seinem Tod im Jahr 1986 gelebt hatte, bestattet zu werden. Auch dieses Begräbnis hatte eine Diskussion ausgelöst, allerdings in seiner Geburtsstadt Buenos Aires.

Mit seinen zahlreichen weiteren Grabstätten wie die für den Schweizer Schriftsteller Ludwig Hohl, den Reformator Johannes Calvin oder für Robert Musil, der 1942 im Exil verstorben war, heisst der schöne, historische Friedhof auch die Lebenden willkommen.

Adresse Rue des Rois 10, 1204 Genf | **ÖPNV** Bus 2, 19, Haltestelle Place du Cirque | **Öffnungszeiten** Mo–So 7–19 Uhr. Ein Friedhofsplan liegt unter dem Vordach der Aussegnungshalle am Eingang aus. | **Tipp** Das Centre d'édition contemporaine ist ein feiner Ort für zeitgenössische künstlerische Produktionen und vor allem Publikationen (Rue des Rois 15, gegenüber dem Friedhofseingang). Geöffnet Di–Fr 14.30–18.30 Uhr, Sa 14–17 Uhr, www.c-e-c.ch.

34 Die Garage des Nations

Ein Autohaus als Memorial

In New York tagt der UN-Sicherheitsrat. In Genf aber haben die Vereinten Nationen ihr Hilfswerk: das Hohe Flüchtlingskommissariat UNHCR. Eigentlich wollte man der Schweiz den Sitz der UNO nach dem Zweiten Weltkrieg ja ganz wegnehmen. Denn die strikte Neutralität gegenüber Nazi-Deutschland (nebst ununterbrochenen Waffengeschäften) wollten die Alliierten ihr so schnell nicht verzeihen. Der politische Apparat der UN also zog aus den verwaisten Hallen des Völkerbunds nach New York um. In Genf, in Sichtweite des Internationalen Roten Kreuzes, blieb nur ihr humanitärer Arm. Im Verlauf des späten 20. Jahrhunderts aber entwickelte sich dieser zu dem weitaus effektiveren Teil der Weltorganisation.

Ihre wichtigste Unterorganisation ist das Flüchtlingshilfswerk, das mit der Genfer Konvention zwar schon 1951 seinen Arbeitsauftrag erhielt, aber bis 1994 auf einen eigenen Sitz warten musste. Inzwischen erhebt sich der UNHCR siebenstöckig unterhalb des Place des Nations, um in Form eines auf das Palais des Nations spitz zustossenden »A« rund 750 Mitarbeitern Platz zu bieten. Weitere 17.000 Menschen sind für das Hilfswerk rund um den Globus tätig, oft in lebensgefährlichen Situationen und mit einem Hilfsauftrag für über 20 Millionen Menschen. Während das UNHCR-Hauptgebäude nicht verleugnen kann, dass seine Planer vor allem mit Gefängnisarchitektur Erfahrung gesammelt haben sollen, wird sein Besucherzentrum, die »Garage des Nations«, vom Hochkommissar zunehmend links liegen gelassen. Einzelbesucher werden hier ab 2020 wohl keinen Zutritt mehr haben. Leider, denn der einstige Opel-Showroom des Genfer Architekten Braillard aus den 1930er Jahren ist ein Gedicht. Im Glaszylinder unter der schwebenden Dachplatte steht heute ein künstlerisch gestaltetes Memorial für die UNHCR-Mitarbeiter, die im Einsatz für Flüchtlinge in aller Welt entführt, verletzt oder ermordet wurden.

Adresse Rue de Montbrillant 94, Ecke Avenue de France und damit genau am Übergang der Stadt ins »internationale Genf« | **ÖPNV** Tram 15, Haltestelle Collège Sismondi und Bus 5, Haltestelle Varembé | **Öffnungszeiten** Besucherzentrum (über dessen Schliessung für Individualtouristen diskutiert wird): Mo 14–16 Uhr, Di–Fr 9–12 und 14–16 Uhr | **Tipp** Genau gegenüber dem UNHCR, auf der anderen Seite der Avenue de France, gibt es mehrere Flüchtlingsunterkünfte in Holzbauweise. Sie sind ein Beispiel für die Diskussion von Architekten im Kontext des UNHCR über die Möglichkeiten des Schnellbaus von Flüchtlingsunterkünften aus Holz oder sogar aus Papier in aller Welt.

35_Gold im Zollfreilager

Genfs letzte Steueroase

Das Prinzip »Zollfreilager« ist eines der kuriosesten Konstrukte der kapitalistischen Welt. Unversteuert dürfen in Zollfreilagern – die Hochsicherheitstrakten ähneln – Waren gegen hohe Mietgebühren zwischengelagert werden, bis sie an einen anderen Bestimmungsort gebracht zu werden. Erst dort müssen Einfuhrzölle erhoben werden.

Der Genfer Freihafen, Ports Francs et Entrepôts de Genève (PFEG), ist mit 140.000 Quadratmetern (= 22 Fussballfelder) das grösste Kunstmuseum der Welt, doch leider unzugänglich für die Öffentlichkeit. Von Picasso sollen mehr Werke in Zollfreilagern gebunkert sein, als sein 1885 Gemälde umfassendes Werkverzeichnis auflistet. Belegt ist, dass in Genf 79 Werke des Künstlers im Besitz seiner Stieftochter aufbewahrt werden. Die »New York Times« sprach 2016 von mehr als einer Million herausragender Kunstwerke, die sich im PFEG befinden sollen. Schätzungen sprechen von einem Wert bis zu 100 Milliarden Dollar.

Die Künstlerin Hito Steyerl befasste sich 2017 in ihrem Buch »Duty Free Art« mit dem Neubau des Zollfreilagers in Shanghai, das in Zukunft das grösste nicht zugängliche Museum der Welt sein wird. Weitere Produktgruppen in den Lagern sind Oldtimer, Wein, Gold und Diamanten. Immer wieder tauchen Skandale aus diesem Reich des Verborgenen auf, wie im Jahr 1995, als ein international agierendes Netzwerk mit Nähe zum Getty Museum aufflog: Es hatte Beutekunst eingelagert. Funde aus Raubgrabungen, wie 200 aus Ägypten stammende Antiquitäten (darunter zwei Mumien), wurden 2003 von Zollbeamten entdeckt und umgehend an ihre Herkunftsländer zurückgegeben. Stärkere Regulierungen, Provenienzpapiere und geprüfte Inventarlisten sollen seit 2009 mehr Sicherheiten bieten. Einen Überblick über das gelagerte Inventar und seinen Wert hat jedoch niemand – zumal dieser ja abhängig ist von globalen kapitalen Wertsystemen und ihren täglichen Schwankungen.

Adresse Route du Grand-Lancy 6a, 1211 Genf | **ÖPNV** Tram 15, Haltestelle P+R Etoile | **Tipp** Gehen Sie ein bisschen spazieren: Dieses Gebiet wird im Moment völlig umgekrempelt und ist eines der künftigen Zentren Genfs.

36 Grand-Rue 29–31

Im Gedenken an den Kunstsammler Jan Krugier

Ab 1962 gehörte Genf 50 Jahre lang zu den ersten Adressen des weltweiten Kunsthandels. Zu verdanken war das Jan Krugier mit seinen Galerien in der Grand-Rue 29–31 und der Madison Avenue, New York. 2013, fünf Jahre nach seinem Tod, wurde seine Genfer Galerie geschlossen.

Seine Sammlung, oft verglichen mit jenen von Ernst Beyeler oder Heinz Berggrün, wurde durch Christie's versteigert. Werke von Ingres bis Edward Hopper, Picasso und Giacometti sowie seine einzigartige Sammlung von Zeichnungen: verstreut in alle Welt. Und so verblasst heute die Erinnerung an Jan Krugier, der jahrzehntelang als Genfer Galerist auf allen Messen unübersehbar unterwegs war – im Tweed-Anzug und weissen Slippern, den Filzhut in den Nacken geschoben und eine Havanna zwischen den Lippen. Diese Erinnerung zu retten, wäre ein dickes Buch und eine Gedenktafel an der Grand-Rue wert.

Krugier war polnischer Herkunft und ein Überlebender des Holocaust. 1928 geboren, ging er als 13-Jähriger mit seinem Vater in den Widerstand. Dieser wurde, wie der Grossteil seiner Familie, ermordet. Er selbst überlebte Auschwitz, die IG Farben und einen Todesmarsch. 1945 von den Engländern aus dem Konzentrationslager Bergen-Belsen befreit, gehörte er zu den mehr als 300 Buchenwaldkindern, die zur Erholung in die Schweiz geholt wurden.

Während viele von ihnen nach Israel gingen, blieb Jan Krugier und wurde Student bei dem Bauhäusler Johannes Itten an der Kunstgewerbeschule Zürich. Als junger Künstler und Zeichenlehrer kam er in Kontakt mit Picasso, Peggy Guggenheim, Samuel Beckett und freundete sich mit Alberto Giacometti an, der in der Rue de la Terrassière wohnte und unterm Dach der Salle communale von Saint Gervais sein Atelier hatte. Er überredete Krugier, seine Karriere als Maler gegen die des Galeristen zu tauschen: »Du hast zu viel Schmerz in dir. Das ist zu quälend, du darfst so nicht weitermachen.«

Adresse Grand-Rue 29–31, 1204 Genf | ÖPNV Bus 36, Haltestelle Hôtel-de-Ville | Tipp Ein Besuch der Grand-Rue lohnt sich für Kunstinteressierte auch weiterhin. Wegen der Galerien – vor allem aber wegen des wunderbaren Antiquariats in der Nummer 20, das die Kunstepoche Jan Krugiers in Form schöner Bücher von Antonin Artaud oder Samuel Beckett in seinem Fenster ausbreitet.

37 Auf der Grenze

Der jüdische Friedhof rettete Leben

Wer den kurzen, aber anspruchsvollen Anstieg zur Hochebene vor dem Salève nicht scheut, sollte den Weg ins Grenzdörfchen Veyrier auf zwei Rädern geniessen. Der Weg führt vorbei an prächtigen Landsitzen, den Salève als Ziel hat man immer vor Augen. Am Jüdischen Friedhof lohnt es sich dann, einen Umweg links um das drei Hektar grosse Areal zu machen, bis rechter Hand ein Feldweg kommt, der den Friedhof durchschneidet. Damit ist man schon auf französischem Staatsgebiet und hat so auch ausserhalb der Schweizer Verwaltungszeit Zugang zu den Gräbern.

Die »Communauté Israélite de Genéve« (CIG) betreut diesen vielleicht weltweit einzigen Friedhof, der quer über einer Staatsgrenze liegt. Der Grund: Eine Trennung der Gräber nach Religionszugehörigkeit war in der Schweiz lange verboten. Also auch ein rein jüdischer Friedhof. Und so stehen das Verwaltungsgebäude und der Andachtsraum mit seinem schönen Glasmosaik auf der Schweizer Seite; die Grabstätten von Genfer Berühmtheiten wie dem Schriftsteller Albert Cohen oder dem Zigarrenfabrikanten Zino Davidoff aber befinden sich auf französischem Boden.

Der kleine Grenzverkehr auf diesem jüdischen Friedhof ging auch noch in den ersten Jahren des Zweiten Weltkriegs weiter. Als die italienischen Faschisten einrückten, flohen Juden aus Frankreich auf diesem Weg in die Schweiz. Im September 1943 aber marschierten die Deutschen in die Region ein, und das Schlupfloch wurde mit Stacheldraht verbarrikadiert. Trotzdem gelang weiteren Verfolgten die Flucht. Nach der Befreiung Savoyens im August 1944 ging der Weg über den Friedhof bald schon retour, denn jüdische Emigranten ohne Papiere wurden bis 1948 an der französisch-schweizerischen Grenze an der Passage zum Mittelmeer und damit nach Palästina gehindert. Es war Gustave Michon, der damalige Wärter des jüdischen Friedhofs von Veyrier, der vielen von ihnen den Weg ins Freie ermöglichte.

Adresse Chemin de l'Arvaz 16, 1255 Veyrier | ÖPNV Bus 8, Haltestelle Salle communale | Tipp Der Dorfplatz von Veyrier, keine 500 Meter entfernt, entführt in die Genfer Provinz. Das kleine Café Boulanger in der Rue des Boulangers 18 ist unter seiner rotweissen Markise einen Halt wert, wenn man in die 1950er Jahre mit ihren geblümten Wachstuchtischdeckchen und Porzellanpüppchen, Hefezöpfen und Würstchen im Schlafrock eintauchen will.

38 Die Grotten-Schlümpfe

Ein selbstverwaltetes Dorf in der Stadt

Die Schlümpfe führen uns zurück in die Vergangenheit, ins 20. Jahrhundert. 1958 hat der belgische Zeichner Peyo (Pierre Culliford, 1928–1992) die »Les Schtroumpfs« genannten Comicfiguren erfunden, Wesen mit blauer Hautfarbe und von der Grösse »dreier übereinander gestapelter Äpfel«. Die Geschichten spielen in einem verwunschenen Wald, irgendwann im Mittelalter, und die Wohnungen befinden sich in ausgebauten Pilzen.

Im Genfer Stadtteil Les Grottes (Die Höhlen), hinter dem Bahnhof, wohnen etwa 20.000 Menschen in bunten Häusern mit asymmetrisch gewölbten Fassaden. An der Gestaltung mitgewirkt haben die Bürger selbst, weshalb die Architektur und die Baumaterialien so unkonventionell sind, die Details phantasievoll und die Wege verschlungen. Der Wohnblock mit dem Namen »Les Schtroumpfs« sticht durch seine Anleihen an surrealistische Architektur à la Antoni Gaudí oder Friedensreich Hundertwasser besonders ins Auge. Und sie erinnern an die Behausungen der legendären Schlümpfe.

Anfang der 1980er Jahre konzipiert von den Architekten Robert Frei, Christian Hunziker und Georges Berthold, wurde der Komplex unter Beteiligung des lokalen Kunsthandwerks fünf Jahre später fertiggestellt. Das Konzept der Fassaden und Innenräume, ihre Form und Grösse, ihre Orientierung in verschiedene Himmelsrichtungen, wurde variationsreich und eigenwillig gehalten. Ende der 2010er Jahre saniert, haben die Schlümpfe schon wieder Patina angesetzt.

Im charmanten Viertel, das sich selbst »ein Dorf in der Stadt« nennt, wird Selbstverwaltung nach wie vor grossgeschrieben. Auf der etwas altertümlich anmutenden Homepage (grottesvillage.ch) sieht man den Plan einer von vier Strassen und einem Platz gesäumten Insel. Der Plan und die dazugehörigen Infos zu sozialen Einrichtungen, Gewerbe und Gastronomie macht deutlich, dass man es hier mit einem kleinen, quasi autarken (gallischen) Dorf zu tun hat.

Adresse Rue Louis-Favre 23–29, 1201 Genf | **ÖPNV** zu Fuss vom Hauptbahnhof, Gare Cornavin | **Tipp** Die kleinen Kunsträume HIT und Duplex befinden sich in der klitzekleinen Rue des Amis 9, und jeden Donnerstag findet auf dem Place des Grottes ein Bauernmarkt statt.

39_Das Grütli

Von der Armenschule zum Kunsthaus

Erster Akt. Wie viele andere Genfer Gebäude wurde das Haus, in dem sich heute das Kultur- und Kunstzentrum »Grütli« befindet, auf einer Fläche erbaut, die nach der Schleifung der Festung um 1850 frei wurde. Davor hiess hier eine Strasse so; das Wort kommt aus dem Schweizerischen »rüte«, den Wald roden. 1873 öffnete in dem Gebäude zunächst eine Volksschule – bis in die 1960er Jahre mit strikter Geschlechtertrennung, heute noch erkennbar an den beiden Treppenhäusern. Zwischen den Weltkriegen wurde das Gebäude als eine Art finaler Elementarschule genutzt: Wer hier lernte, durfte bis zu den Schulreformen der 1960er Jahre keine weiterführende Schule besuchen. Die an Faulpelze gerichtete Drohung »Du endest im Grütli!« war damals sprichwörtlich. Nach Schliessung der Schule verfiel das Gebäude, obwohl es, nur wenige Schritte vom grossen Schauspielhaus entfernt, eine kleine Theaterbühne und ein gut besuchtes Café beherbergte.

Zweiter Akt. 1987 wurden die Architekten Jean Stryjenski und Urs Tschumi durch die Stadt beauftragt, das Gebäude in ein Haus der Künste umzubauen. Seit seiner Kernsanierung 1988 beherbergt es nun das Grütli-Theater mit einem 200 Personen fassenden Zuschauersaal, zwei vom Centre d'animation cinématographique betriebene Programmkinosäle (Zugang über die Rue Voltaire) mit sehr variationsreichem Repertoire, ein ganz gutes Restaurant, eine Videothek, eine Musikbibliothek, sowie Proberäume und Künstlerateliers (die die Stadt im Rahmen eines Wettbewerbs für die Dauer von drei Jahren vergibt). Statt der einstigen Geschlechtertrennung gibt es heute also eine klare Trennung der Sparten: Das Erd- und Untergeschoss beherbergen das Theater, das Kino und das Restaurant, während die oberen Etagen den Künstlern vorbehalten sind und eine sehr eigene Welt darstellen. Stromern Sie einfach mal durch das offene Gebäude, in dem Sie niemand aufhält – es macht Spass!

Adresse Rue Général-Dufour 16, 1204 Genf | ÖPNV Tram 15, Haltestelle Cirque; Tram 12, 18, Haltestelle Place de Neuve | Tipp Die ehemalige Goldschrupperei Usine (»Fabrik«) an der Rue de la Coulouvrenière 11 ist seit 1989 ein Mekka für alternative Kulturvereine und Künstlerateliers. Es umfasst neben dem coolen Programmkino Spoutnik ein Theater, Konzertsäle, Künstler- und Siebdruckwerkstätten, Bars, einen Plattenladen und sogar einen Friseur.

40_Der Hauptbahnhof Cornavin

Die überkomplexe Dauerbaustelle vor dem Bahnhof

Es ist amüsant, mit der Tram am Genfer Hauptbahnhof Cornavin anzukommen, denn die Durchsage in der haltenden Strassenbahn klingt wie reinste Zahlenmagie: »1, 3, 5, 6, 8, 9, 10, 14, 15, 18, 19, 20, 25, 61, F, CFF«.

Doch lassen Sie sich nicht verwirren, auch nicht von den Spiegelsplittern im Belag des Bahnhofsvorplatzes, die Tag und Nacht glitzern. Denn es braucht Ihre ganze Aufmerksamkeit, um im Chaos sich kreuzender Menschen, Taxis, Busse und Bahnen heil bis zum ausladenden Haupteingang des Bahnhofs zu gelangen, der eigentlich einen langen Blick lohnt. Das modernistische Gebäude im Art-déco-Stil wurde zwischen 1927 und 1932 errichtet – nach den Plänen des Genfers Julien Flegenheimer, auch Architekt des Palais des Nations, Hauptgebäude des 1920 gegründeten Völkerbunds.

Genf als neues Zentrum der politischen Welt putzte sich also damals heraus. Beachtenswert sind so auch das schmiedeeiserne Vordach von Edmond Wanner und das Skulpturenrelief im Giebel von Jakob Probst. Und selbst wenn heute nur noch einige Nischen rechts in der Eingangshalle die einstige Schalterhalle zeigen, lohnt sich dort ein Blick auf die von Max Weber gestalteten Fresken und die alten Bleiglasfenster. Die neue doppelseitige Schwingtür aus Faserbeton, deren Gucklöcher einen hübschen Kontrast zur Originalverglasung bilden, hat die Genfer Künstlerin Carmen Perrin entworfen.

Doch damit nicht genug. In den 1980er Jahren wurde der Platz um eine Einkaufspassage erweitert und in den 1990er Jahren für die Strassenbahnhaltestellen komplett umgestaltet. Zwischen 2004 und 2014 wurde das Bahnhofsgebäude modernisiert – allerdings ohne Sitzmöglichkeiten, weshalb viele Reisenden auf den Stufen der grossen Innentreppe sitzen.

Adresse Place de Cornavin 7, 1201 Genf | **ÖPNV** Tram und Bus 1, 3, 5, 6, 8, 9, 10, 14, 15, 18, 19, 20, 25, 61, F, CFF, CEVA | **Tipp** Fiktion und Realität – in einer Vitrine im Eingang des Hotel Cornavin erinnern zwei Figuren (Tim und Kapitän Haddock) an die Geschichte des Tim-und-Struppi-Bandes »Der Fall Bienlein«. Das darin erwähnte Zimmer 122 existierte 1956 noch nicht, wurde aber bei der Renovierung des Hotels (Boulevard James-Fazy 23, 1201 Genf) im Jahr 2000 hinzugefügt.

41 Die Hallen am Ufer

Madame de Staëls Theatercoup

Diese künftige Mieterin hatten die Bauherren von der »Société économique« eigentlich nicht im Sinn, als sie Anfang des 19. Jahrhunderts die imposanten Kornhallen am Place du Molard sanierten: Am 30. Dezember 1805 wird in ihrem Dachgeschoss direkt neben dem Glockenturm niemand anderes als die Grande Dame der Pariser Salongesellschaft für vier Monate Quartier beziehen. Um Theater zu spielen. Ein Theater zwischen Kraut und Rüben am Rhône-Ufer – das war der Knüller der Genfer Theatersaison 1805/06!

Von Napoléon Bonaparte, dem verhassten Diktator, 1802 aus Paris verbannt, hatte Anne-Louise-*Germaine* Baronin von *Staël*-Holstein, kurz »Madame de Staël« genannt, im Schlösschen ihrer Eltern, der Familie Necker, an der Westseite des Genfer Sees ihren Salon eröffnet: Das Schloss Coppet wurde jahrelang zum europäischen Thinktank über individuelle Freiheit und die Gleichberechtigung der Völker.

Zu sehr Stadtmensch, wohnte sie aber oft im Stadthaus der Familie, dem grossbürgerlichen Maison Lullin in der heutigen Rue Calvin 9, oder ging mit ihren Freunden Benjamin Constant und August Wilhelm Schlegel auf Reisen durch halb Europa. In Weimar lehrte die Grossbürgerin die Kleinstadtklassiker Goethe und Schiller »mit der ganz ungewöhnlichen Fertigkeit ihrer Zunge« (Schiller) das Fürchten. Ihr Bericht »De l'Allemagne« über das »Land der Dichter und Denker« prägt das Deutschlandbild Frankreichs im gesamten 19. Jahrhundert.

Und 1805 definiert sie die Kornspeicher am Fusse des Altstadthügels also kurzerhand zum Kulturforum um. Die Altstadt huldigt ihr dafür. In Scharen erklimmt die Hautevolee den Speicher unterm Hallendach. Selbst die kritischsten Geister bejubeln ihre Darstellung der wohl grössten Figur der französischen Klassik, Racines »Phädra«. Doch nach vier Monaten verlässt Madame de Staël den Ort ihres Triumphs wieder – auf der Suche nach neuen Herausforderungen.

Adresse Place du Molard, 1204 Genf | ÖPNV Tram 2, 3, 6, 7, 10, 12, 36, Haltestelle Molard | Tipp Eine gut illustrierte Wirtschafts-, Bau- und vor allem Frühgeschichte der einstigen Molard-Speicher findet sich in der eher versteckten Passage du Rhône auf Infotafeln direkt hinter dem Zugang am Place du Molard 4. Wer weitergeht, dem bietet die merkwürdig verbaute Passage zudem einen guten Einblick ins Innenleben der durchsanierten Halle. Die Infotafeln sind jederzeit zugänglich; der Innenhof mit Durchgang zur Rue du Rhône 56 nur wochentags.

42 Im Hochzeitssaal

Das Heimatmuseum des einstigen Plainpalais

Das Museum des Stadtteils Plainpalais macht sich gar nicht erst die Mühe, Grösse und Würde auszustrahlen. Hier gelten andere Werte. Zum Beispiel das ehrenamtliche Engagement einiger weniger. Und die Leidenschaft fürs lokale Detail. Anders gesagt: Diese drei Räume, zwei Mal drei Stunden pro Woche geöffnet, sind in ihrer Gesamtheit ein Heimatmuseum.

Der historische Ratssaal strahlt mit seinen nicht wenig kriegerischen Historiengemälden bourgeoise Gelassenheit aus. Hier wurden über lange Zeit weitreichende Entscheidungen für eine Gemeinde getroffen, die bis 1930 die Stadtteile Plainpalais, Eaux-Vives und Champel vereinigte: Ein Genfer Faubourg, ein Vorort, der flächenmässig viel grösser war als die 300 Jahre alte Festung Genf selbst.

Gérald Berlie, der Museumsleiter und das wandelnde Lexikon von Plainpalais, hat mit viel Eigeninitiative eine grosse Reihe historischer Karten und Ansichtspostkarten zusammengetragen. Da ist zum Beispiel die Pferdebahn, die erste Genfer Tramstrecke, die vom Place de Neuve nach Carouge führte: Direkt vor der Dorfschule, die 1909 den imposanten Salles communales Platz machen musste, trabte sie vorbei. Oder dort, eine alte Postkarte des Café Remor: ein Café zum Lesen und Schauen, das auch heute noch jene gediegene Eleganz der 1930er Jahre ausstrahlt, als man sich fein machte, um hier zu dinieren.

Doch mehr noch als diese Exponate ist es das ständige Kommen und Gehen zahlreicher älterer Herrschaften, das dem Museum seinen Charme verleiht. Mit Kennerblick beugen sie sich über die alten Fotos, immer bereit, ihr breites Wissen preiszugeben oder sich miteinander in hitzigen Fachdebatten über die Geschichte ihres Heimatorts zu verzetteln. Am Ende aber bleibt Gérald Berlie mit seinem Detailwissen Herr des Diskurses und führt die Hitzköpfe erneut vor eines der Gemälde – und damit zurück zur andächtigen Kontemplation.

Adresse Boulevard du Pont-d'Arve 35, 1205 Genf | ÖPNV Tram 12, 18, Haltestelle Pont-d'Arve | Öffnungszeiten Mi, Do 14–17 Uhr und nach Absprache; Gérald Berlie Tel. 079/3332106, 022/7816085 | Tipp Das kleine Hamburger-Lokal Spikisi in der Rue Dizerens 5, drei Querstrassen oder ein Trambahnhalt weiter Richtung Carouge, hat wenig von der aufgeklärten Verruchtheit, die sein Name transportiert. Es bietet eine gelungene Mischung aus amerikanisch-italienischer Küche (10.30–14.30 und 17.30–1 Uhr).

43 Hodlers letzte Bleibe

Vom Untergang der Stadt im Naturschönen

Die drei Eingänge des imposanten Wohnblocks am Quai du Mont-Blanc 29 tragen so hochtrabende Namen wie Beau-Regard und Haute-Vue. Sie erzählen von Genfs Gründerjahren um 1912, als rund um den neuen Kursaal – da, wo heute das Kempinski steht – der Luxus Einzug hielt und sich die gesamte Bucht dank der 50 Jahre zuvor angelegten Uferpromenaden belebte.

1913 bezog der Maler Ferdinand Hodler, auf dem Gipfel seines Ruhms, die zweite Etage mit ihrem Blick über den See auf die Alpen. Damit wohnte er nun nur wenige Schritte von der Stelle entfernt, an der vier Jahrhunderte zuvor Konrad Witz' Gemälde »Der wunderbare Fischzug vom Genfer Petrusaltar« (1444) entstanden war.

1872 war Hodler von Bern nach Genf gezogen und hatte bis in die 1880er Jahre in ärmlichen Verhältnissen in der Altstadt in der Grand-Rue 33 gelebt. Von seiner neuen Wohnung aus blickte der wichtigste Vertreter des Schweizer Symbolismus über den See auf den Salève, die Voirons-Berge, den Môle bis zum Mont-Blanc-Massiv und malte die paradiesische Landschaft aus Wasser und Bergen. Gleichzeitig entstanden – im selben Zimmer – die berührenden Bilder von seiner krebskranken Freundin und 20 Jahre jüngeren Muse, der Tänzerin Valentine Godé-Darel, die er in Paris kennengelernt hatte. Sie starb 1915. Unablässig malte Hodler diesen Übergang vom Leben zum Tod seiner Geliebten und – bis zu seinem eigenen Tod drei Jahre später – den Blick aus ihrem Zimmer. Hauptsächlich im Querformat huldigte er dem See, den Bergen, den Wolken und den Schwänen. Menschen und Architektur hingegen – das Viertel Eaux-Vives auf der anderen Seeseite – fehlen völlig in seinen Bildern oder lösen sich in Abstraktion auf.

Anders als in der Grand-Rue 33 deutet heute am Quai du Mont-Blanc nichts darauf hin, dass Hodler einst hier gelebt hat. Jedoch tragen in Genf seit fast einem Jahrhundert eine Strasse und eine Schule seinen Namen.

Adresse Eingang Beau-Regard, Quai du Mont-Blanc 29, 1201 Genf | ÖPNV Bus 1, Haltestelle Navigation; Busboote Mouettes M 1, M 2, M3, Anlegestelle Pâquis | Tipp Die AMR (Gesellschaft für Musik und ImpRovisation) unterhält in der Rue des Alpes 10 seit 1973 einen Konzertsaal und eine Musikschule. Regelmässig finden öffentliche Konzerte statt, wobei hauptsächlich Jazz und experimentelle Musik auf dem Programm stehen (Programm und Öffnungszeiten: www.amr-geneve.ch).

44 Der Indiennes-Handel

Tuchfabrikation in den Eaux-Vives

Das Musée Tavel, das Stadtmuseum, ist untergebracht im ältesten Wohnhaus Genfs aus dem 14. Jahrhundert. Im zweiten Stock ist eine kleine, feine Sammlung von gerahmten Stoffmustern ausgestellt. Sie sind Zeugen eines der wichtigsten Industriezweige Genfs und der Schweiz über Jahrhunderte, der aber mittlerweile fast in Vergessenheit geraten ist und vom Erfolg der Uhrenindustrie überstrahlt wurde. Les Indiennes nannte man die bedruckten Baumwollstoffe, die im 17. und 18. Jahrhundert in Manufakturen hergestellt und weltweit exportiert wurden.

Ab dem 16. Jahrhundert wurden die leichten, angenehm zu tragenden indischen Baumwolltextilien über den Seeweg nach Europa eingeführt. Sie waren mit bunten Blumenmustern bedruckt und so attraktiv wie Seide. Schweizer Unternehmer interessierten sich bald für den Herstellungsprozess der begehrten Textilien, aber es waren hugenottische Flüchtlinge, die um 1690 in Genf die ersten drei Indiennes-Manufakturen gründeten – Daniel Vasserot und Antoine Fazy.

Täglich 100 Menschen waren nach der Widerrufung des Edikts von Nantes (1685) aus Frankreich in Genf angekommen, und bald entstanden zwölf Textilfabriken mit mehr als 2.500 Angestellten. Zuerst kopierte man die Vorlagen von Hand, bis es gelang, die alten indischen Druck- und Färbeverfahren auf maschinelle Produktion umzustellen. Das Wissen hatte man sich vor allem von armenischen Handwerkern geholt, die die ersten Indiennes-Manufakturen in Europa gegründet hatten.

Die Schweizer Indiennes-Herstellung hatte ihre Blütezeit im 18. Jahrhundert. Da der Grossteil der Produktion in den weltweiten Export ging, kann man durchaus von Globalisierung sprechen. Die Textilindustrie gehörte bis zur Französischen Revolution zu einem der bedeutendsten Geschäftszweige der Stadt. Das letzte Genfer Indiennes-Unternehmen schloss 1822.

Adresse Musée Tavel, Rue du Puits-Saint-Pierre 6, 1201 Genf | ÖPNV Bus 2, 6, 9, 10, 25, Haltestelle Molard oder Rive, weiter zu Fuss hinauf in die Altstadt | Öffnungszeiten Di–So 11–18 Uhr | Tipp Das private Museum Barbier-Mueller ist gleich um die Ecke und zeigt Ausschnitte aus einer umfangreichen Sammlung von Kunst aus Afrika, Nordamerika, der Südsee und der Frühgeschichte (Rue Jean-Calvin 10, 1204 Genf, täglich 11–17 Uhr).

45 Der Inselturm

Zwei Jahrtausende auf engstem Raum

Der Tour de l'Île am Fusse der Altstadt ist das älteste Bauwerk auf jener zentralen Rhône-Insel, die einfach »die Insel« heisst. Erbaut 1219, ist er der Rest einer Festung, die einst die für die Stadt überlebenswichtige Passage von der Altstadt quer über die kleine Insel zum rechten Ufer schützte. Die Genfer wussten, worum es ging: Denn die erste Brücke an dieser Stelle hatte bereits Julius Cäsar 58 v. Chr. zerstören lassen.

Kaum ein Genfer Gebäude also kann mehr von Genfs Geschichte berichten als dieser vom Verkehr umflutete Turm am heutigen Knotenpunkt Bel-Air. Er sah, wie im 16. Jahrhundert die Befestigungsmauern der Insel geschliffen wurden und Wohnhäuser, Ladenlokale und Uhrmacherbetriebe auf der Insel entstanden. Er erlebte, wie zugleich die bewohnte Brücke durch eine neue ersetzt wurde: für den zunehmenden Verkehr. Und er überlebte den Brand von 1670, der mehrere Strassenzüge zerstörte. 1680 bekam der Turm seine erste Uhr; und nach dem Bau der Eisenbahn von 1858 hatte er zeitweise sogar deren drei: auf dem mittleren Zifferblatt konnte man die Genfer Zeit ablesen, links davon die Zeit in Paris, 15 Minuten voraus, und rechts die Zeit in Bern, die fünf Minuten hinterherhinkte. 1896 wurden für die Strassenbahn extra Betonbrücken gebaut. Und 1929 zog die Schweizerische Esperanto-Gesellschaft in den Turm.

Doch es waren nicht nur Zeichen des Fortschritts, die der Inselturms beobachten durfte: 1519 wurde Philibert Berthelier, einer der Urväter der Genfer Unabhängigkeit, am Fusse des Turms, in dem er gefangen gehalten worden war, geköpft. 1898 errichtete man ihm zu Ehren hier ein Denkmal. Und 556 wurde Bartholomé Tecia »wegen Sodomie« zum Tode verurteilt und in der Rhone ertränkt.

Heute wirken Turm und Insel wie das Abbild eines Klischees: die Schweiz als Insel für Banken, Uhrmacherwerkstätten und Uhrengeschäfte, mit einer Sonnenuhr und einer Schokoladenfabrik.

Adresse Rue de la Tour-de-l'Île 1, 1204 Genf | **ÖPNV** Bus 5, 20, Tram 12, 14, 18, Trolleybus 3, 10, 19, Haltestelle Bel-Air | **Tipp** Flanieren Sie die Promenade des Lavandières entlang und besuchen Sie das Café La Barje an der Promenade des Lavandières, 1204 Genf.

46 Das Internierungslager

Eine Gedenktafel für Rosetta

Les Cropettes war ein Selektionszentrum für Flüchtlinge direkt an der französischen Grenze. Oder anders gesagt: im Zentrum Genfs, diesem äussersten Südwestzipfelkanton der Schweiz mit seinen vier Kilometern Kontakt zu den restlichen Eidgenossen – und rund 100 Kilometern Staatsgrenze nach Frankreich. Ende September 1943 hiess das: 100 Kilometer auf Tuchfühlung zu den Deutschen, den Nazis, der Gestapo. In Lukas Hartmanns Roman »Der Sänger« (2019) über den jüdischen Tenor Joseph Schmidt aus Czernowitz kann man nachlesen, wie sich das anfühlte: Seine vergeblichen Versuche, legal in die Schweiz einzureisen, dann die illegale Flucht über die Grenze aus dem französischen Annemasse – und zuletzt doch das Sterben im Internierungslager.

Aber um es genauer zu sagen: Les Cropettes, das war ein Selektionslager der Schweizer Armee in einem Schulgebäude direkt hinter dem Genfer Bahnhof. Hier wurde zwischen März 1943 und Mai 1944 entschieden, wer von den illegal eingereisten, grossteils jüdischen Flüchtlingen zurück über die Grenze und damit in den fast sicheren Tod geschickt wurde. Sorgfältig dokumentiert ist nur eines dieser Leben: Die Geschichte der 15-jährigen Rosetta Wolczak, eines lebenslustigen Mädchens, das von vier Schweizer Wachsoldaten in Les Cropettes sexuell belästigt, deshalb wegen »Unzucht« ins besetzte Frankreich ausgewiesen und in Auschwitz ermordet wurde.

Noch heute gibt es kaum Literatur über dieses Transitzentrum nahe der französischen Grenze. Es ist einer jahrzehntelangen Initiative der Genfer Generalsekretärin der Liga gegen Rassismus und Antisemitismus Claire Luchetta-Rentschnick zu verdanken, dass Rosetta Wolczeks Geschichte bekannt wurde. Und dass heute neben dem Schulgebäude eine Gedenktafel steht, die an die dort internierten 2.526 Menschen erinnert. Es ist die erste Tafel dieser Art in der Schweiz. Und wohl noch immer die einzige.

Adresse Die Gedenktafel steht neben dem Schulgebäude Les Cropettes, Rue du Fort-Barreau 29, im Parc des Cropettes, 1202 Genf. | ÖPNV Bus 8, Haltestelle Grottes | Tipp Manchmal fühlt man sich in Genf wie in Südfrankreich. Zum Beispiel bei den Pétanque-Spielern, die im Parc des Cropettes an der Rue du Fort-Barreau ihr professionelles Spielfeld haben. In den Sommermonaten gibt es von Mai bis Ende September jeden Samstag zwischen 10 und 12 Uhr eine kostenlose Einführung durch die Spieler vor Ort – Kaffee inklusive.

47 Kiosque des Bastions

Ein Schmuckstück aus Glas und Eisen

Ende des 19. Jahrhunderts beschloss die Stadt für ihre Bürger einen Musikpavillon zu errichten, wie er sich schon in anderen Städten grosser Beliebtheit erfreute. Man folgte damit der Idee der Französischen Revolution, die Musik aus dem elitären Kontext der Opern- und Konzerthäuser zu befreien. Der von dem Genfer Architekten Louis Dériaz entworfene Kiosque des Bastions wurde unterhalb der Stadtmauern im Parc des Bastions errichtet und 1882 – mit Musik von Richard Strauss und Gaetano Donizetti – eingeweiht. Der Bau aus Gusseisen ist ein filigranes Juwel von architektonischer Eleganz. Er war – offen und unbeheizbar – nur für Freiluftkonzerte gedacht. Da die Sommersaison in Genf kurz ist, erwies sich der Pavillon bald als unrentabel.

Man führte ihn anderen Nutzungen zu, auch wenn immer wieder Musiker dort auftraten. Die Anfrage eines Frauenorchesters allerdings wurde noch im Jahr 1904 abgelehnt. Man dachte darüber nach, den Pavillon in ein Gewächshaus oder eine Voliere umzuwandeln. Die Aufstellung eines Kinematographen (1900–1924) war immerhin sehr erfolgreich, bis die Menschen nach der Einführung des Radios dazu übergingen, zu Hause Musik zu hören. Immer wieder wurden nun Beschwerden der Bürger über »herumlungerndes Gesindel«, das, vor allem wenn es dunkel wurde, den Park unsicher mache, laut. Der nunmehr eher lästige Pavillon wurde 1985 umgebaut, wobei man sich von dem ursprünglichen Entwurf beträchtlich entfernte. 2008 wurden herausnehmbare Glasfenster eingesetzt und das Gebäude in ein Restaurant umgewandelt.

Der Pavillon hat durch den radikalen Umbau zwar seine historische Identität verloren, ist aber mit der Schönheit der Grundkonstruktion und seinen dekorativen Details ein charmanter Ort geblieben. Der Raum wirkt gleichzeitig intim und grosszügig, er vereint die Wärme und Geborgenheit des Wintergartens mit der erfrischenden Kühle des Sommers.

Adresse Promenade des Bastions 1, 1204 Genf | **ÖPNV** Tram 12, 18, Place De-Neuve | **Öffnungszeiten** Café-Restaurant du Parc des Bastions Mo–Sa 10–22 Uhr, So 10–18.30 Uhr | **Tipp** Wunderbare alte Bäume mit botanischen Namensschildern, das historische Hauptgebäude der Universität, die Unibibliothek Genf, die Mauer des Reformatoren, das Palais de l'Athénée, das Palais Eynard, wo der Bürgermeister sein Büro hat, und die Schachspieler mit ihren übergrossen Spielfiguren machen den Park zu einem Ort vielfältiger Möglichkeiten.

48 Die Kreuzerhöhungskathedrale

Langsamer Abschied vom »protestantischen Rom«

Durch die Schleifung der Befestigungsanlagen ab Mitte des 19. Jahrhunderts gab es in der auch als »protestantisches Rom« bezeichneten Stadt Genf, die sich jetzt weltoffener gab, plötzlich Grundstücke für den Bau nichtreformierter kirchlicher Einrichtungen. Die anglikanische Kirche, die Synagoge, die Basilika Notre-Dame und ein Tempel der Freimaurer (seit 1873 Église Sacre-Cœur) zeugen davon.

1866 aber stand die neue, aufsehenerregende russisch-orthodoxe Kreuzerhöhungskathedrale erst mal ziemlich allein auf dem Plateau des Tranchées – einem der höchstgelegenen Plätze der Stadt. An zwei Seiten wird sie von der Rue François-Le-Fort – dem Genfer Admiral und Berater von Peter dem Grossen – gesäumt. Erbaut wurde die Kathedrale im pseudorussischen Stil nach den Plänen des Architekten Dawid Grimm; 1916 wurde der Glockenturm errichtet. Im Laufe der Jahre besuchten sie berühmte Persönlichkeiten wie Iwan Turgenjew, Fjodor Dostojewski, Lew Tolstoi oder Alexander Solschenizyn. Denn als Residenz des Bischofs der russisch-orthodoxen Kirche im Ausland und später als Kathedrale der westeuropäischen Diözese spielte sie zwischen 1957 und 1993 politisch und religiös eine wichtige Rolle. Die slawische Gemeinde nutzt die Kathedrale regelmässig für Messen, Taufen, Hochzeiten und Begräbnisgottesdienste. Die griechische Gemeinde hingegen frequentiert eher die Kirche Saint-Paul in Chambésy, und die rumänische Gemeinde hält ihre Gottesdienste in Thônex ab.

Ein profaner Anblick, der in starkem Kontrast zur Pracht des Kirchenbaus steht, ist die im Eingangsbereich an der Wand befestigte Blechkanne mit aufgeklebtem Etikett, nebst Wasserhahn und ein paar zusammengewürfelten Gläsern. Die Gläubigen können hier Weihwasser entnehmen, ohne die Gottesdienste zu stören. Gerade der Kontrast verleiht diesen profanen Mittlern des Heiligen Würde.

Adresse Rue Rodolphe-Toepffer 9, 1206 Genf | ÖPNV Bus 1, 8, Haltestelle Tranchées; Bus 36, Haltestelle Église russe | Öffnungszeiten ausserhalb der Gottesdienste im Sommer 11–18 Uhr, im Winter 11–17 Uhr | Tipp Der Parc de l'Observatoire in der Rue Charles-Galland gegenüber dem Museum für Kunst und Geschichte bietet einen phantastischen Blick über die Bucht, die Altstadt, das Viertel Tranchées und die russische Kirche.

49 Die Kugelkirche im Wasser

Grüsse aus dem Universum

An der Rue de Lausanne, stadtauswärts gehend, hält man erstaunt inne: Umstellt von einem Gebäudekomplex aus Stahl und Glas sitzt eine riesige, 20 Meter hohe, rosa Steinkugel in einem rauschenden Wasserbecken. Die Kirche der Heiligen Dreifaltigkeit ist die letzte in der Region erbaute römisch-katholische Kirche. 1987 von dem Architekten Ugo Brunoni (1938–2019) entworfen, wurde sie 1994 eingeweiht. Stein geworden, erzählt sie von der Begeisterung für die Idee, christliche und profane Symbole zusammenzuführen. Im Infoblatt wird Blaise Pascal zitiert: »Gott ist eine unendliche Kugel, deren Zentrum überall ist, der Umfang nirgendwo.« Und: »Kugelrund, Symbol der Vollkommenheit, der Unendlichkeit, des Himmelsgewölbes, der Erdkugel. […] Quelle des Lebens, der Reinheit und der Taufe.«

Die Kugel beherbergt zwei separate Innenräume. Die unten gelegene Marienkapelle ist tagsüber geöffnet, der über eine Aussentreppe zu erreichende obere Kirchensaal jedoch nur während Gottesdiensten und Führungen. So schlicht und elegant die äussere Gestalt ist, so überraschend ist die Zweiteilung mit den dadurch entstehenden rechten Winkeln im Sphärenraum. Im oberen weissen Kuppelraum mit seinem dunklen Holzboden und der kubistischen Empore aus rosa Granit erhebt sich die Orgel. Über der Altarzone mit Elementen aus weissem Carrara-Marmor schwebt der Himmel selbst, gerahmt durch vier Schächte, die zusammen ein Kreuz bilden. Zwölf runde farbige Glasfenster zitieren die Apostel und die Farben der Edelsteine, auf die das Himmlische Jerusalem gebaut wurde.

Die Gestaltung der ebenerdigen Kapelle scheint eher naturwissenschaftlich motiviert gewesen zu sein: Der Künstler Christian Robert-Tissot hat 1997 in den schmalen Glasfenstern fotografische Ausblicke auf das Universum installiert, auf Himmelskörper und stellare Konstellationen, die dem menschlichen Auge sonst verborgen bleiben.

Adresse Rue Ferrier 16, Ecke Rue de Lausanne, 1202 Genf | ÖPNV Tram 15, Haltestelle Môle | Öffnungszeiten unter sainte-trinite.ch | Tipp Für Kunst- und Architektur-Interessierte lohnt sich ein Abstecher zu »Le Valais et ses hasards«. Das Kunstwerk aus blauen Neonröhren wurde 1998 von François Morellet in einem Tunnel installiert. Gleich um die Ecke in der Rue du Valais.

50 Laternen des Gedenkens

Leuchtende Erinnerung an weltweite Genozide

Was wohl betrauern diese acht schlanken, tief gebeugten Strassenlaternen im Parc Trembley – hoch über dem rechten Seeufer?

Sie leuchten des Nachts als Mahnmal gegen den osmanischen Genozid an den Armeniern in den Jahren 1915/16 und wollen damit gleichzeitig auch an alle anderen Opfer von Massakern, Vertreibungen und Völkermorden erinnern. Ende 2007 hatte der Gemeinderat den Vorschlag zur Errichtung des Denkmals einstimmig angenommen – auch, um so auf eine lange Geschichte der Solidarität des Genfer Volks mit Armenien hinzuweisen. 2010 wurde unter den eingegangenen Entwürfen das Projekt »Laternen der Erinnerung« des Pariser Künstlers armenischer Herkunft Melik Ohanian ausgewählt, das dann allerdings erst 2018 eingeweiht wurde, nachdem man sich sage und schreibe zehn Jahre über den Standort gestritten hatte. Diplomatischer Druck von UNO- oder türkischer Seite und der Einspruch der Denkmalkommission (wegen archäologisch bedeutsamer Funde) gegen die ersten vorgeschlagenen Standorte waren der Hintergrund. Die Hängepartie führte dazu, dass der Künstler seine Laternen zwischenzeitlich zur Biennale nach Venedig »ins Exil schickte«, um auf die Hindernisse bei der Aufstellung des Denkmals aufmerksam zu machen.

Übrigens hatte er bewusst New Yorker Laternen der Jahrhundertwende als Vorlage gewählt, galt die Stadt zu Beginn des 20. Jahrhunderts doch vielen Exilanten als Tor zu einer neuen, vielversprechenden Heimat. Stellt man sich bei Tageslicht unter eine der Tränen aus Stahl und Glas, spiegelt man sich darin in einer skurril verzerrten Umgebung. In die Masten sind armenische Texte eingraviert, die von unten nach oben zu lesen sind. Ihre vollständige Lektüre aber ist genauso unmöglich wie eine vollständige Aufklärung des Genozids unter den gegebenen politischen Umständen. Nachts im Licht der Laternen wird sichtbar, dass die Masten zusammen ein ungleichmässiges Vieleck bilden.

Adresse Parc Trembley, 1202 Genf | ÖPNV Bus 3, Haltestelle Trembley; Bus 11, Haltestelle Grand-Pré | Tipp Ganz in der Nähe findet man im offenen Innenhof der Chandieu-Schule (Rue Chandieu) die sehenswerte raumzeitliche Arbeit des Konzeptkünstlers Peter Downsbrough und eine Brunnenskulptur seines Genfer Kollegen Fabrice Gygi.

51 Le Corbusiers Clarté

Der Prototyp des modernen Stahlskelettbaus

Mitten in der Stadt liegt zwischen der belebten Rue de la Terrassière und der hinauf zum Musée d'Histoire Naturelle führenden Rue Adrien-Lachenal, das Maison Clarté. Es ist ein so elegantes wie hermetisch wirkendes Stadthaus, bestehend aus 45 Duplex-Wohneinheiten. Der Bau ist in seiner programmatischen Radikalität typisch für das Neue und Avantgardistische der Moderne. In den Jahren 1930 bis 1932 wurde es vom wohl berühmtesten Architekten der Schweiz, Le Corbusier, gemeinsam mit seinem Cousin, Pierre Jeanneret, erbaut. Bauherr war der Industrielle Edmond Wanner, dessen Stahlkonzern diesen Bau als Forschungsobjekt mitkonzipierte. Es ging als Prototyp des Stahlskelettbaus in die Architekturgeschichte ein.

Die Wohnungen des Hauses, an der kleinen Stichstrasse gelegen und über ein paar Treppen zu erreichen, sind nach Norden und Süden ausgerichtet: Die oberen Etagen haben grosszügige Terrassen mit Blick auf den Genfer See. In den Jahren 2007 bis 2009 umfassend saniert, wurden alle Wohnungen in Eigentumswohnungen umgewidmet, und im Jahr 2016 wurde La Clarté gemeinsam mit 15 weiteren Gebäuden als »Das architektonische Werk von Le Corbusier, ein aussergewöhnlicher Beitrag zur Bewegung der Moderne« Teil des UNESCO-Weltkulturerbes. Es wird gemunkelt, eine der Wohnungen in La Clarté sei bei Airbnb zu mieten. Im Erdgeschoss sind heute noch verschiedene Gewerbe und ein Architekturbüro untergebracht.

Das Restaurant Le Darshana, das älteste indische Restaurant der Schweiz, war mit seinen Spezialitäten aus Südindien seit 1976 im Gebäude ansässig. Das Restaurant Le Jaipur an der Genfer Jonction wird von derselben Familie geführt: dort wird nordindisch gekocht. Ob sich der Bezug zu Indien wohl aus Corbusiers Grossanlage, dem Kapitol-Komplex in Chandigarh herleiten lässt?

Bis auf weiteres ist Le Darshana aber – leider – geschlossen.

Adresse Rue Saint Laurent 2–4, 1207 Genf | **ÖPNV** Tram 14, 15, Haltestelle Terrassière, von dort 100 Meter die Rue Adrien-Lachenal hinauf | **Tipp** Die Halles de Rive im Boulevard Helvétique 29, eine Markthalle, die durch das Erdgeschoss eines eher unscheinbaren Gebäudes aus den 1970er Jahren führt und 23 teils sehr exquisite Lebensmittelgeschäfte, einen Floristen, einen Chocolatier und ein Bistro beherbergt.

52 Der letzte Dôme

Geschäfte unterm einbeinigen Baldachin

Das schmale Haus am Hang trägt die Nummer 2503 der Haager Konvention für Genfer Kulturgüter. Trotzdem gehen die Passanten meist achtlos vorbei. Selbst mittags tritt es nicht heraus aus dem Schatten der gegenüberliegenden Häuser an der steil ansteigenden Rue de la Cité. Der Suchende aber erkennt es sofort an seiner aufragenden hölzernen Säule, die einen Grossteil des Dachs trägt.

Der Dôme mit der Hausnummer 3 ist das letzte halbe Überbleibsel dieses schönen Haustyps im einstigen Bistum Genf, das im 4. Jahrhundert seine Ursprünge hat. Von hohen Säulen getragen, boten die Dômes den Händlern in den Rues-Basses, den Geschäftsstrassen an der Rhône, ein bisschen Schatten und Regenschutz für ihre Waren.

Die Rue de la Cité selbst aber war ein Ort der Transition. Sie gehörte weder zur Altstadt noch zum Handelsstandort am Ufer, sondern führte als ihre Verbindung den Altstadthügel hinauf. Und doch erinnert kaum ein anderer Ort stärker an das mittelalterliche Leben Genfs als dieses unsichtbare Haus in seiner Zwischenwelt. Wohl weil es hier, am Rande des Marktgeschehens, weniger dem geschäftigen Veränderungsdruck der Neuzeit ausgesetzt war.

Einstmals aber prägten diese Dômes der Einzelhändler das Stadtbild an der Rhône. Und wie die Geschäfte brummten! Denn immerhin war Genf im Mittelalter einer der wichtigsten Warenumschlagplätze Europas. Wie hier unter den Dächern der Dômes Handel und Wandel in grosser Dichte ablief, sieht man dank eines schönen Einfalls der Genfer Stadtarchitekten aber selbst heute noch in der quasi haussmannisierten Rue du Marché am Fusse der Rue de la Cité: Die Konturen der mittelalterlichen Strasse sind nämlich mittels einreihiger brauner Pflastersteinen als Grundrisse in das sonst helle Pflaster der Bürgersteige eingraviert. Und man erkennt staunend: Genfs wichtigste Einkaufsstrasse war im 14. Jahrhundert gerade mal halb so breit wie heute.

Adresse Rue de la Cité 3, Genf | **ÖPNV** Tram 18 und zahlreiche Busse am Knotenpunkt Bel-Air | **Tipp** Der queere Dancing-Club Chez Jean-Luc, direkt neben dem Dôme in der Rue de la Cité 9, ist einen nächtlichen Besuch wert. Heute geöffnet für alle Geschlechter, startete er in den 1970er Jahren als eine der ersten Schwulenkneipen der Stadt; Frauen waren eher ungern gesehen (Mi–Sa 22–4 Uhr).

53 Luchenis Gefängnis

Der Anarchist der Tat

Auch Sisis Mörder war ein Mensch. Dies zu dokumentieren gestand man ihm aber lange nur ungern zu. Seine Memoiren sollten eigentlich niemals das Licht der Öffentlichkeit erblicken. Als man Luigi Lucheni nach zwölf Jahren Haft mit seiner halbfertigen Autobiografie auch noch seiner Identität beraubte, erhängte er sich am 19. Oktober 1910 in seinem Gefängnis vor der Kathedrale; und – Österreichs Rache – die Phrenologen in Wien bemächtigten sich seines Schädels, wo er erst 2010 auf dem Zentralfriedhof beerdigt wurde.

1918 kam das Manuskript seiner Lebensgeschichte ans Tageslicht. Es erzählt die irrlichternde Geschichte eines französisch-italienischen Waisenjungen, den sein Tagelöhner-Dasein kreuz und quer durch Europa treibt: als Steinmetz und Bauarbeiter, Soldat und bekennender Anarchist, von Parma nach Budapest, von Wien bis Lausanne. Im September 1898 erstach er 25-jährig Kaiserin Elisabeth und wurde dafür als politischer Mörder lebenslänglich in einer sieben Quadratmeter kleinen Zelle im riesigen Gefängnis am einstigen Bischofssitz eingelocht. Eine halb zugewucherte Erdöffnung, von einem Zäunchen umgeben, erinnert an den Terroristen.

Nicht verbürgt, aber denkbar ist, dass Luigi Lucheni, der wütende und belesene Anarchist, sehr wohl wusste, dass er auf den Spuren grosser Vorbilder wandelte: In Luchenis Geburtsjahr 1873 nämlich wurde in Genf in Anwesenheit und auf Initiative von Michail Bakunin die Antiautoritäre Internationale gegründet. Ihr Ziel: die Zerstörung aller Herrschaftsstrukturen. Bakunin war in Genf kein seltener Gast, hatte er hier doch sechs Jahre zuvor zusammen mit Garibaldi, Dostojewski und anderen Intellektuellen des 19. Jahrhunderts auf einem Friedenskongress mit mehr als 1.000 Teilnehmern die Liga für Frieden und Freiheit begründet. Geleitet wurde die Konferenz vom späteren Genfer Friedensnobelpreisträgers Elie Ducommun.

Adresse Terrasse Agrippa-D'Aubigné an der Rue de l'Évêché 7 unterhalb der Kathedrale Saint-Pierre, 1204, Genf | **ÖPNV** Bus 36, Haltestelle Place de la Taconnerie | **Tipp** Unterhalb des einstigen Gefängnisses findet man in einem repräsentativen Bau aus dem 16. Jahrhundert noch ein echtes Genfer Gasthaus: die Taverne de la Madeleine in der Rue Toutes-Âmes 20. Der Mittagstisch bietet Genfer Hausmannskost; man sitzt unter Hiesigen und auf das Gläschen Rotwein zum Barsch oder Omelett wird schon seit 1920 offensiv verzichtet (Mo–Fr 10–14 Uhr).

54 Die Luserna-Passage

Das melancholischste Einkaufszentrum der Welt

Die Genfer Ladenpassage im Quartier Servette zwischen der Avenue Ernest-Pictet und der Avenue de Luserna hätte den Philosophen Walter Benjamin bei seinem Nachdenken über die Passagen des 19. Jahrhunderts ins Grübeln gebracht.

Abseits der Rue de la Servette, der gradlinigen Ausfallstrasse aus dem Zentrum der Stadt gen Jura, übt sich diese Mini-Passage des späten 20. Jahrhunderts in hilfloser Mimikry an die grösseren und moderneren Einkaufszentren der Umgebung – den Planète Charmilles oder das Centre Balexert. Die Luserna-Passage aus den 1970er Jahren lässt die Gegenwart hinter sich und zieht sich träumend in sich zurück.

Im Nu ist sie durchschritten. Wieder im Freien aber bleibt ein Gefühl von Sehnsucht zurück. Denn hier ist zu Hause, wer das Warten gelernt hat: der Chef des leeren Billardsalons mit Blicken, die töten, wenn er aus dem Dunkel seiner grasgrünen Deckenlampen in den Türrahmen tritt; oder die portugiesische Bäckerin in der Boulangerie Ris Sol, die morgens um sieben zum Croissant kommentarlos das Feldschlösschen zapft.

Beim PMU, also den Pferdewetten mit Karaoke im Tilt-Saloon, oder beim Billig-Einkauf mit Ausweis im Caritas-Gemischtwarenladen gelten andere Zeitläufe und -rhythmen. Der Kellner vom Ris Sol weist früh darauf hin, dass das Lokal nun bald schliesst, und kreiselt das Tablett auf dem Zeigefinger, wie sich einst im Zirkus Knie das Langenthal-Porzellan zu drehen wusste. Seine Spinatquiches sind das lange Warten wert, und auch die Nestlé-Frisco-Box lässt keine Wünsche offen. Auf der Veranda hört man Griechisch, Portugiesisch, Arabisch, Serbisch, die Familien sitzen um quadratische Caféhaustische und erzählen blicklos Geschichten. Beim Friseur Instinctifs gibt es Brushing im Abo und vis-à-vis in der Pizzeria Kebab. Das war's dann aber auch schon. Die Luserna-Passage in Servette ist die Wirklichkeit gewordene Provinz des Globalen.

Adresse zwischen der Avenue Ernest-Pictet 18 und der Avenue Luserna 13, 1203 Genf | ÖPNV Tram 14, 18, Haltestelle Servette, zu Fuss links in die Avenue Wendt, dann rechts in die Avenue de Luserna | Tipp Wer Lust auf den Chic einer echten Passage des 19. Jahrhunderts verspürt, kommt am linken Rhône-Ufer zwischen dem Place Bel-Air und der Pont du Mont-Blanc mehrfach auf seine Kosten. Die längste ist die Galerie Jean-Malbuisson zwischen der Rue du Rhône und der Rue du Marché, in der jede Stunde mit einem Glockenspiel und einer kleinen mechanischen Prozession vor der Silhouette der Befestigungsanlagen von Genf markiert wird. Die luxuriöseste ist die frisch renovierte Passage des Lions, an der Rue de la Confédération.

55 Materiuum im Vélodrôme

Ein Recyclingprojekt zwischen Kunstateliers

Das Vélodrome war als erste und einzige Radrennbahn ein prominenter Teil der zweiten Schweizerischen Landesausstellung von 1896. Auf ihrem Gelände, auf und um die Plaine de Plainpalais, hatte man für die Dauer von zwei Wochen ein Schweizer Dorf gebaut, das »Village suisse«, einen künstlichen Berg von 40 Meter Höhe errichtet und einen Wasserfall installiert. Aber – und das entsetzt heute noch – es gab auch ein »Village noir« zu sehen, ein sudanesisches Dorf aus Lehmhütten. Dabei stellte die Expo Suisse die 230 sudanesischen Dorfbewohner als Exponate zur Schau.

Die Fahrradrennbahn konnte aufgrund des Bedarfs an innerstädtischen Baugrundstücken nicht erhalten werden. 1922 wurde das neue Vélodrome in Plan-les-Ouates eröffnet. Etwas verborgen liegen die Künstlerateliers des Vereins Vélodrôme – zurückgesetzt hinter der belebten Rue du Vélodrôme, sind sie ohne Ortskenntnis nicht leicht zu finden. Nach der Schliessung des legendären Genfer Kulturbiotops Artamis – einer ehemaligen Gasfabrik der Genfer Stadtwerke (SIG) –, deren Abriss wegen Asbestbelastung unvermeidbar war und an deren Stelle nun die elegante Wohnanlage Ecoquartier Jonction entsteht, wurde der Künstlerverein 2008 auf einer Fläche von 3.500 Quadratmetern eröffnet. Subventioniert von der Stadt Genf, stellt er Ateliers und Werkstätten für circa 100 Künstler zur Verfügung. Der Ausstellungsraum Le Pneu (Der Reifen) ist Teil der selbst verwalteten Aktivitäten. 2015 ist auf dem Gelände auch der vorbildliche Verein Materiuum gegründet worden. Nach dem Motto »Rien ne se perd tout se transforme«, »Nichts vergeht, alles verändert sich« bietet Materiuum, als Heimwerkerfachhandel der anderen Art, für wenig Geld verschiedene Materialien an, die auf Baustellen, in Manufakturen, Betrieben oder Künstlerateliers übrig geblieben sind und noch verwendet werden können.

Adresse Rue du Vélodrôme 2, 1205 Genf | **ÖPNV** Bus D, 2, 11, 19, Tram 14, Haltestelle Jonction | **Öffnungszeiten** Das Materiuum öffnet nicht regelmässig. Auf der Homepage erkundigen unter www.materiuum.ch. | **Tipp** Das Programmkino Cinélux direkt um die Ecke (Boulevard de Saint-Georges 8) beherbergt, neben dem laufenden Betrieb, verschiedene Filmfestivals, an denen es in Genf nicht mangelt: Alternatiba, Black Movie oder das Festival du Film Vert.

56 The Mighty Wurlitzer

Die Kinoorgel im Collège Claparède

Jenes festlich-atmosphärische Stummfilmerlebnis, das Anfang des 20. Jahrhunderts mit der Wurlitzer-Orgel inszeniert wurde, lässt sich heute noch nachvollziehen. Auch wenn beim Besuch in der funktional ausgestatteten Aula des minimalistischen 1970er-Jahre-Schulbaus, des Collège Claparède, die Grandezza der prächtigen alten Kinopaläste fehlt. Setzt sich aber Vincent Thévenaz, Organist und Fan dieses aussergewöhnlichen Instruments, an die Tasten, taucht man ein in die Welt der vielfältigen Tonwelten und farbigen Klangbilder aus Röhren- oder Schlittenglocken, Vibrafonen, Flöten, Saxofonen und Englischhörnern, gemischt mit den durch die Pedale erzeugten Blech- und Perkussionsinstrumenten. Kaum sind die Orgelpfeifen mit Luft gefüllt, hört man Dampfzüge und Donnerrollen, Motorengeräusche, dazu einen Gong als Blitzschlag. Bis zu 70 Musiker eines Orchesters ersetzt diese von einer Person gespielte Orgel mit ihrer mächtigen Klangfülle – die, dank eines Genfer Bürgers, in die Schweiz geholt werden konnte. Die berühmte »alte Dame« wurde 1937 von der Rudolph Wurlitzer Company in North Tonawanda, USA, gebaut und war zu jener Zeit klanglich führend. Einst stand der mit seiner hufeisenförmigen Tastatur einer Jukebox ähnelnde, elfenbeinfarbene Spieltisch in einem der Granada-Kinos in Clapham Junction in der Londoner Peripherie. Dort beglückte die Kinoorgel im luxuriösen Saal 2.000 Gäste. Zu Beginn der Vorstellung wurde sie – effektvoll – vor den Augen des Publikums aus dem Orchestergraben hinauf in die Mitte der Bühne gezaubert. Wenn der Organist eintrat, wurde es im Saal dunkel und mäuschenstill.

Wer nicht bis nach Genf reisen kann, wo ihr der Freundeskreis einmal im Jahr ein Festival widmet, kann die Mighty Wurlitzer auch ab und an im Berliner Musikinstrumenten-Museum hören. Man muss aber wissen: keine andere hat diesen jazzig-zackigen Sound wie das Genfer Prachtstück!

Adresse Chemin de Fossard 61, 1231 Conches | ÖPNV Bus 5, Haltestelle Collège Claparède | Öffnungszeiten Die Mighty Wurlitzer kann nach Terminabsprache mit dem Verein der Freunde der Kinoorgel besichtigt werden. Unter www.orguedecinema.ch gibt es weitere Informationen, unter anderem zum Festival. | Tipp Vor dem Collège Claparède beginnt ein hübscher ausgeschilderter Wanderweg entlang der wilden Seymaz, einem nicht begradigten Flüsschen, das durch geschützte Wälder und Wiesen führt – ein besonders artenreiches Naturschutzgebiet.

57 Die Moschee Petit-Saconnex

Das Gottes- und das Herrenhaus

Am 1. Juni 1978 wurde im Stadtteil Le Petit-Saconnex die erste Moschee eingeweiht. Gleichzeitig wurde die Islamische Kulturstiftung Genf gegründet, die unter anderem eine Schule, eine Bibliothek sowie eine Begegnungsstätte unterhält.

Das Ereignis spielte politisch, diplomatisch und symbolisch eine wichtige Rolle für die Schweiz und die muslimische Welt; zur Einweihung dieser grössten Schweizer Moschee reisten der saudi-arabische König Chalid ibn Abd al-Aziz und der sozialistische Schweizer Bundesrat Willy Ritschard an. Dass der König zur Einweihung kam, ist vermutlich den guten Beziehungen zahlreicher Staatsangehöriger der Arabischen Halbinsel zu Genf und der Schweiz zu verdanken. König Fahd, Bruder und Nachfolger des 1982 verstorbenen König Chalid, hat jedenfalls in Collonge-Bellerive ein Anwesen gebaut, nur einen Katzensprung vom Schloss Bellerive entfernt, einem ehemaligen Salzlager, das inzwischen im Besitz der Familie Karim Aga Khans IV. ist, dem religiösen Führer der ismailitischen Nizariten.

Gebaut wurde die Moschee auf einer Parzelle, die zum Herrenhaus der Genfer Patrizierfamilie Colladon gehört. Als die Architekten und Repräsentanten der Stiftung 1976 ein Modell der Moschee präsentierten, zeigte der Leiter des Tiefbauamts und Mitglied des liberalen Nationalrats Jacques Vernet auf eine Stelle und fragte: »Was soll denn das für ein komisches kleines Ding sein?« Die Antwort lautete: »Das ist das Minarett.« Darauf der Nationalrat: »Sorgen Sie bitte dafür, dass es nicht niedriger gebaut wird als die umstehenden Gebäude!«

Inzwischen hat sich der Wind gedreht. 2009 wurde im Zuge einer Volksinitiative ein generelles Bauverbot für Minarette beschlossen. Die Genfer Moschee, die als sehr konservativ und Saudi-Arabien nahestehend eingeschätzt wird, aber darf ihr Minarett behalten.

Adresse Chemin Colladon 34, 1209 Genf | **ÖPNV** Bus 3, Haltestelle Colladon | **Tipp** Kehren Sie für eine Erfrischung oder eine kleine Mahlzeit ins Café du Soleil am Place du Petit-Saconnex 6 ein. Manche sagen sogar, es gäbe hier das beste Fondue der Stadt! (Öffnungszeiten: Mo–Fr 7–24 Uhr, Sa 10.30–24 Uhr und So 10.30–23 Uhr)

58_Die Mouettes

In den gelb-roten Möwen, das Ufer immer vor Augen

An Bord einer Mouette (dt. Möwe) den See zu überqueren, gleicht einer Reise en miniature. Die fünf- bis 15-minütigen Fahrten ans jeweils andere Seeufer sind ein kurzes Intermezzo im hektischen Treiben der Stadt, das man sich rein zum Vergnügen und dem Preis einer Busfahrkarte leisten kann. Der Stadtlärm verstummt hinter dem Geplätscher des Wassers, das leichte Schaukeln wirkt ungemein beruhigend, Gerüche und die Temperatur verändern sich. Beide Seeufer sind nun gleichermassen sichtbar, wenn sie nicht gerade im Nebel versunken sind.

Die Boote, die so flach auf dem Wasser liegen, dass sie unter den Brückenbögen hindurchfahren können, gehören seit 1897 zum Stadtbild. Verwandt mit den Bateaux-Mouches in Paris, deren Name sich von jenem Viertel in Lyon ableitet, in dem sie ursprünglich gebaut wurden, verdanken die bis zum Jahr 2000 weiss gestrichenen Mouettes ihren Namen den hier in der Bucht allgegenwärtigen Möwen. Seitdem tragen die Boote nun also die Farben des Kantons: Gelb und Rot.

Obwohl die Strassenbahn bereits die 1883 erbaute Mont-Blanc-Brücke überquerte (die heutige Brücke wurde 1903 neu errichtet), wurden die Mouettes von der Bevölkerung sofort als öffentliches Verkehrsmittel akzeptiert – und bleiben es trotz der grossen Umwälzungen des Transportwesens im 20. Jahrhundert bis heute. Zunächst schipperten sie vom Frühling bis in den Herbst über den See, inzwischen aber das ganze Jahr über. Das Projekt, die Routen bis zur Barrage du Seujet, der Schleusenanlage, auszuweiten, hängt trotzdem seit 20 Jahren in der Warteschleife. Heute werden die Mouettes hauptsächlich von Touristen genutzt, aber auch für Einheimische sind sie teils ein effizientes Verkehrsmittel für den alltäglichen Weg zur Arbeit, teils aber auch der reine Genuss, während der kurzen Fahrt ihre Stadt mal wieder aus einem ganz anderen Blickwinkel zu betrachten und zu Hause auf Reisen zu gehen.

Adresse Verwaltung: Quai du Mont-Blanc 8, 1201 Genf, gegenüber dem Hotel Kempinski | ÖPNV Linien und Anlegestellen: M 1, Pâquis – Molard; M 2, Pâquis – Eaux-Vives; M 3, Pâquis – Port-Noir; M 4, Eaux-Vives – De Chateaubriand; Fahrplan unter www.mouettesgenevoises.ch | Tipp Schauen Sie vom Jetée des Eaux-Vives (Quai Gustave-Ador 26) zu, wie die Wasserfontäne »Jet d'eau« morgens direkt vor Ihren Augen um zehn Uhr eingeschaltet wird, oder geniessen Sie dort nach Einbruch der Dunkelheit die beleuchtete Fontäne.

59 Die Mülltonnen in Carouge

Wie die Chocolaterie Rohr ihre Spezialität erfand

Es gibt sie noch, die gute, alte Mülltonne von 1972. Sie steht im Hinterhof der Rue Vautier 6. Und auch ihr Eigner, die Chocolaterie Rohr, ist im Allerlei der Tee-Stübchen und Tinnef-Lädchen mitten in Carouge eher ein duftender Schandfleck, aus deren trüben Fenstern die Warenwelt einmal nicht lockend zurückblickt: Denn die Produktion findet im Erdgeschoss statt.

Aber zurück zur Mülltonne und zum Jahr 1972. Konditormeister Henry Rohr richtete damals am Place du Molard eine Dependance ein. Ein Knochenjob neben der täglichen Schokoproduktion. Am Abend zu Hause empfing ihn Ehefrau Sylvia (die eigentlich Alice heisst, aber das ist eine andere Geschichte) etwas verstimmt. Der Müll stehe immer noch in der Wohnung, und ausserdem: »Wann, lieber Mann, fällt dir endlich eine Spezialität aus dem Hause Rohr ein?« Papa grollte, erinnert sich Erzählerin Nicole Rohr, und stellte die Mülltonne vor die Tür. Und hatte eine Idee. »Ich fand die Idee super«, hört man die heute 76-jährige Alice alias Sylvia Rohr aus dem Berg rotgelben Geschenkpapiers im ersten Stock der Chocolaterie Rohr rufen. Und so wurde eine kleine nougatgefüllte Mülltonne aus Milch- und dunkler Schokolade mit der Aufschrift »Ville de Genève« zur Spezialität der Chocolaterie Rohr.

Zu einem Hit, für den sich übrigens auch Katars Scheich nebst Kindern zu den Rohrs aufmacht. Das aber hat natürlich vor allem damit zu tun, dass die Schweizer Schokolade, die »Schoggi«, seit 250 Jahren ein nationales Symbol ist. Wie das Rote Kreuz oder Cenovis. Und dass heutige Schoggi-Grossproduzenten wie Cailler (Nestlé) oder Favarger schon seit den 1810er/1820er Jahren aus dem Grossraum Genf kommen. »Nur dass die heute eben nicht mehr alles von Hand produzieren und verpacken wie wir«, sagt Nicole Rohr.

Adresse Chocolats Rohr, Rue Vautier 6, 1227 Carouge; mit Läden am Place du Molard 3 und in der Rue d'Enfer 4 | ÖPNV Bus 11, 21, Tram 12, 18, Haltestelle Carouge – Marché, dann zu Fuss in Fahrtrichtung weiter und links in die Rue Vautier | Öffnungszeiten Mo – Sa 9 – 19 Uhr, Führungen auf Anfrage. Auch Schoko-Kochkurse vor Ort, bei denen so manches Geheimnis, zum Beispiel das der berühmten Genfer Marmite-Produktion, verraten wird. | Tipp Die Genfer Touristeninformation bietet ganzjährig eine dreistündige Tour (mit festem Schuhwerk) auf Englisch zu fünf Schoko-Standorten in der Region an. Für stolze 95 Franken, aber Seeüberquerung inbegriffen. Treffpunkt am Quai des Bergues 23.

60 Die Museumsschildkröte

Wo Natur und Artefakt sich gute Nacht sagen

An manchen Tagen ist Janus, das Maskottchen des Muséum d'histoire naturelle, nicht zu Hause. Kinder stehen dann enttäuscht vor seinem Terrarium im ersten Stock: »Maman, où est Janus?« Die griechische Landschildkröte mit den zwei Köpfen, die 1997 im Inkubator des Museums zur Welt kam, ist unterwegs: spazieren im Grünen oder in ihrer Ruhe-Residenz. Ohne menschliche Hilfe hätte das weit über Genf hinaus berühmte kleine Reptil niemals so alt werden können: Der Schutzmechanismus der Schildkröten, nämlich Kopf und Gliedmassen unter den Panzer einzuziehen, ist bei zwei Köpfen nicht mehr möglich – und damit das Leben in freier Wildbahn zu gefährlich. Wenn Janus ausgeflogen ist, dann erzählt die Video-Schleife am Fenster des Terrariums vom Leben des einzigen lebendigen Exponats im grössten Naturkundemuseum der Schweiz. Eröffnet im Jahr 1966, war es das erste seiner Art, ein Museum, das ohne Tageslicht auskommen sollte, um die äusserst lichtempfindlichen Tierexponate zu schützen. Entworfen vom Baseler Architekten Raymond Tschudin, liegt es mitten im Parc de Malagnou und beherbergt inzwischen 15 Millionen Arten auf vier Etagen, in den Depots und Laboratorien. Über 100 Mitarbeiter zählt das Museum: Präparatoren, Naturwissenschaftler, Vermittler und so weiter.

Eine ganz besondere Sammlung, die lange nicht gezeigt und vom Verantwortlichen für wirbellose Tiere eingerichtet wurde, darf man auf keinen Fall verpassen: die fast 200 Jahre alten, filigranen Meereslebewesen aus Glas der böhmischen Glasbläser Leopold und Rudolf Blaschka, Vater und Sohn. Selbst auf Meeresexpeditionen unterwegs, zeichnete Leopold Blaschka diese feenhaften Tiere zunächst: sie zu konservieren war unmöglich. Als museale Anschauungsobjekte sind die gläsernen Nachbildungen der Quallen, Seeanemonen und Tintenfische wissenschaftlich exakt, was für die Meeresbiologie von immenser Bedeutung war.

Adresse Route de Malagnou 1, 1208 Genf | **ÖPNV** Bus 1, 5, 8, 25, Haltestelle Muséum beziehungsweise Tranchées; Tram 12, Haltestelle Villereuse | **Öffnungszeiten** Di–So 10–17 Uhr, freier Eintritt | **Tipp** Der kleine Museumsshop mit seiner interessanten Auswahl an Mitbringseln für Kinder und zoologisch Interessierte ist unbedingt einen Besuch wert.

61 Musil im Genfer Exil

Zufluchtsort am Fuss des Salève

Der Autor des »Mann ohne Eigenschaften« ist in Genf, seinem Sterbeort, heimatlos. Die Grabstätte Robert Musils auf dem Cimetière des Rois ist nur eine Gedenkstätte, sein Grab nämlich fand er in den Lüften vor dem Berg Salève. Dort hatte seine Witwe Martha seine Asche in zwei verwilderten Gärten an der Rue John-Rehfous dem Wind übergeben. Seine Urne warf sie »in die heftig strömende Arve«, so sein Biograf Karl Corino.

Am 5. Juli 1939 fand das Ehepaar Musil in Genf sein Exil beim »Schweizerischen Hilfswerk für deutsche Gelehrte« in der Rue de Lausanne 125 und 135. Drei Monate später findet das Komitee für die Musils in der Stadtgemeinde Chêne-Bougeries ein schönes Haus im Chemin des Grangettes 29. Es ist auf dem Gelände der heutigen privaten »Clinique des Grangettes« nicht leicht zu entdecken. Man muss sich dem Haus von hinten nähern, um die Gedenktafel auf der Terrasse vor Musils ehemaligem Arbeitszimmer zu finden. Durch »etwas primitive Steinsäulen« beobachtete Musil hier die »Liebessaison« der Katzen im Garten, während er über die Amouren zwischen Ulrich, dem Mann ohne Eigenschaften, und seiner Schwester Agathe schrieb. In der Ferne sah er, wie das Juragebirge sich vor der Mondsichel abhebt – heute ist dieser Blick durch die Klinik verstellt. Das Ehepaar lebte von Spenden, die Martha mit dem Nestroy-Satz »Schon wieder eine Beleidigung, aber ich stecke sie ein« kommentierte. Die Landschaft vor dem Salève liebte Musil »wie einer, der den Tod für eine Frau wagt, um in ihrer Nähe zu bleiben«. Ein Jahr später stehen die Nazis eben dort an der Grenze zwischen Frankreich und der Schweiz. Am 15. April 1942 stirbt Musil an einem Gehirnschlag. Carl Jacob Burckhardt, mit dem sich Musil in dessen Villa Diodati traf, schreibt zum Abschied: »Kein Mensch in dieser Stadt hat weder von seinem Hiersein noch von seinem Weggang gewusst; er wird mir fehlen.«

Adresse Chemin des Grangettes 29, 1224 Genf. Vor seinem Tod zieht das Ehepaar Musil übrigens noch einmal um. In den Chemin des Clochettes 1 – das Haus ist aber nicht mehr auffindbar. | **ÖPNV** Tram 12, Haltestelle Grangettes | **Öffnungszeiten** Die Gedenktafel ist von aussen über das Klinikgelände jederzeit zugänglich. | **Tipp** Am Eingangstor zur Gemeinde Chêne-Bougeries entstand am neugestalteten Place des Eaux-Vives nicht nur die neue Genfer Comédie (Eröffnung 2020), sondern steht auch einer der vier transparenten Bahnhöfe des Pariser Stararchitekten Jean Nouvel, die im Dezember 2019 eröffnet wurden. Genf wird seitdem durch den neuen »Léman Express« – Europas grösste grenzüberschreitende S-Bahn – mit dem benachbarten Frankreich verbunden.

62 Die Niton-Felsen

Opferstein und säkularer Bezugspunkt

Vor ungefähr 17.000 Jahren wurden zwei grosse Findlinge durch den Rückzug des Rhônegletschers auf einer 45 Meter hohen Schlammschicht in die Genfer Bucht geschwemmt. Seither unverrückbar, dienten sie, von Sagen und Aberglauben umrankt, ganz verschiedenen Zwecken.

Schon die Herkunft ihres Namens ist alles andere als eindeutig. »Niton« könnte auf den römischen Wassergott Neptun zurückgehen, der später zum Beschützer der Seefahrer wurde. Er lässt sich aber auch von »Nementon« herleiten – einem heiligen Ort in der keltischen Religion. Im 14. Jahrhundert tauchen sie in den Annalen plötzlich auch unter dem Namen »Dyolin«-Felsen auf, stehen also vielleicht mit Äol, dem griechischen Gott der Winde, in Verbindung.

In der Bronzezeit war der Wasserstand des Sees niedriger, und man konnte die Felsen trockenen Fusses erreichen. Der näher zum Ufer aus dem See ragende Findling, auch »Opferstein« genannt, weist schalenartige Mulden auf, von denen eine von Menschenhand stammt, während die anderen durch Erosion entstanden sind. Am Fusse des zweiten Steins, der am Grund des Sees liegt, hat man Äxte und Messer entdeckt, die Rückschlüsse darauf erlauben, dass die Kelten ihren Göttern hier Menschen opferten. Jüngste Ausgrabungen in den nahe gelegenen Rues Basses haben Skelettreste mit Schädelverletzungen zutage gefördert, die diese These erhärten. In den Stein eingelassene Ringe deuten darauf hin, dass man ihn zu anderen Zeiten ganz profan zum Vertäuen von Schiffen verwendet hat.

1832 wurde der Ingenieur, Kartograf und zukünftige General Guillaume-Henri Dufour mit der Erstellung einer topografischen Karte der Schweiz (im Massstab 1:1.000.000) betraut und liess dafür als Referenzpunkt ein Bronzekreuz in den höheren Niton-Felsen ein, das die Höhe von Genf bis 1902 auf 376,86 Meter und seither auf 373,6 Meter über dem Meeresspiegel festlegt(e).

Adresse der untere Teil des Quai Gustave-Ador | **ÖPNV** Taxiboot Mouettes M2, Anlegestelle Eaux-Vives | **Tipp** Auf dem in der Nähe der Felsen am Quai vertäuten historischen Dampfer Le Genève befindet sich ein genossenschaftlich geführtes Restaurant, das einen Umweg lohnt.

63 Die Opfer des 9. November

Fünf Tonnen ziviler Ungehorsam

Dieser fünf Tonnen schwere Findling mit seinem eingemeisselten Text und der rostigen Laterne entspringt einem Akt zivilen Ungehorsams. In einer Nacht-und-Nebel-Aktion hievten ihn Mitglieder der Gewerkschaft FOBB am 9. November 1982 auf der Plaine de Plainpalais von ihrem Tieflader. Sie erinnern damit an einen der dunkelsten Tage der Genfer Stadtgeschichte.

Denn am 9. November 1932, genau 50 Jahre zuvor, trafen sich Mitglieder der rechtsextremen Schweizer Nationalunion in einem Saal in der Nähe des Platzes – eine spontane antifaschistische Gegendemonstration versammelte sich vor dem Gebäude.

Der Regierungsrat gab daraufhin Rekruten der Schweizer Armee aus der nahe gelegenen Kaserne in der Rue de l'École-de-Médecine den Marschbefehl; die Lage eskalierte, und die jungen, unbedarften Soldaten schossen ohne Vorwarnung in die Menschenmenge. 13 Menschen starben, und 65 weitere wurden bei dieser einzigen Kampfhandlung der Schweizer Armee gegen unbewaffnete Zivilisten zwischen den beiden Weltkriegen verletzt.

Der ohne Genehmigung aufgestellte Stein des Gedenkens an diese Ereignisse wurde von der Bevölkerung schnell angenommen (nur einmal versuchte ein Rechtsextremer vergeblich, ihn mit einem Allradfahrzeug umzukippen) und wird alljährlich am 9. November mit Blumen geschmückt.

2018 wurde der Findling dann ganz offiziell dorthin umgesiedelt, wo die Schüsse einst fielen: an den Boulevard Carl-Vogt vor das Gebäude des wichtigsten Standortes der Genfer Universität.

Der Gedenkstein an die Opfer des Genfer 9. November 1932 ist heute also an seinem historischen Ort angekommen. Und doch: Während er einst an der Plaine de Plainpalais zeichenhaft für Genfs Widerstand gegen den Faschismus stand, wirkt der Findling heute, als habe ihn der offiziell genehmigte Standort schrumpfen lassen.

Adresse Boulevard du Pont-d'Arve 40, 1205 Genf | ÖPNV Tram 15, Haltestelle Uni-Mail | Tipp Das Café du Marché mitten auf der Plaine ist der traditionelle Treffpunkt der Gemüsebauern. Neben der klassisch französischen Speisekarte ist die Auswahl an Absinthen bemerkenswert, die rituell in hochstieligen Gläsern und mit gelochten oder geschlitzten Löffeln für den Zucker serviert werden. (Avenue Henri-Dunant 16, 1205 Genf. Öffnungszeiten: Di–Fr 12–15 Uhr und 18–24 Uhr; Sa 18–24 Uhr, So geschlossen).

64 Das Oui/Non

Wenn der Blick stutzt

Der Künstler Markus Raetz ist seit den 1970er Jahren eine zentrale Figur der Schweizer Kunstszene. Im Volksmund allgemein »Oui-Non« (deutsch Ja-Nein) genannt, ist seine Edelstahlskulptur aus dem Jahr 2000 die Monumentalversion eines sehr viel kleineren Originals aus Metall. Angelehnt an einen der Fahnenmasten, die den Seglern auf dem See helfen, auf Kurs zu bleiben, dient »Oui-Non«, wenn auch spielerisch, ebenfalls der Orientierung. Schliesslich muss man sich zum ständigen Perspektivwechsel um die Skulptur herum bewegen: die beiden – aus logischer und symbolischer Sicht unvereinbaren – Wörter »oui« (ja) und »non« (nein) werden hier zu einem einzigen Wort, das ständig seine Bedeutung wechselt, indem der Betrachter den Blickwinkel auf die ineinander verschlungenen Worte verändert.

Auch wenn »Oui-Non« nach der Aufstellung von den Bürger*innen gut angenommen wurde, hatte es doch zuvor eine schier endlose und vehement geführte Diskussion ausgelöst: Ist dies Kunst? Und welcher Preis ist dafür gerechtfertigt?

Das elegante Kunstwerk stand zunächst auf einem hölzernen, gelb gestrichenen rechteckigen Sockel, der, zwölf Meter lang, 60 Zentimeter breit und einen Meter hoch, die leichte Neigung des Platzes ausgleichen sollte. Diagonal zu den umstehenden Häusern und ursprünglich vom Verkehr umgeben, wurde der Sockel gern von Passanten als Bank genutzt und war als Skater-Treffpunkt sehr beliebt. Die an den Platz angrenzenden Schmuck- und Uhrengeschäfte sowie die Banken, deren Firmenschilder im Laufe der Zeit vielleicht gewechselt haben, nicht aber ihre Betätigungsfelder, sind froh, den leicht abschätzig »La frite« (Die Fritte) genannten Block nicht mehr sehen zu müssen. Das Kunstwerk von Markus Raetz hat an Höhe gewonnen, ist mit Gold beschichtet worden und erinnert an eine Schweizer Lieblingsbeschäftigung – die Wahl zwischen ja und nein, ja und nein, ja und nein …

Adresse Place du Rhône 1204 Genf | ÖPNV Bus 2, 7, Haltestelle Molard; Busboot Mouettes M 1, Anlegestelle Molard | Tipp Auf dem Place du Molard wurden vom Künstler Christian Robert-Tissot 2004 Pflastersteine in den Boden eingelassen, die in den Farben des Sonnenuntergangs leuchten.

65 Im Parkhaus Saint-Antoine

Postmoderne unter dem Schutt der alten Festung

Gegenüber dem monumentalen Kunstmuseum »Musée d'art et d'histoire« liegt gesäumt von prächtigen Patrizierhäusern die sehr französisch anmutende Esplanade Théodore-de-Bèze. Wer dem Altstadttrubel für einen Moment entfliehen will, dem bietet dieser rechteckige Platz die nötige Ruhe – und die Möglichkeit abzutauchen: in Genfs frühe Vorzeiten. Denn der unscheinbare Aufzug in der nordöstlichen Ecke der Esplanade entführt Sie nicht nur hinab in ein ultramodernes Parkhaus, sondern an gleicher Stelle auch zu den Resten der alten Genfer Befestigungsanlage aus dem 16. Jahrhundert. Denn als in der zweiten Hälfte des 19. Jahrhunderts der ehemalige Befestigungsring der Stadt geschliffen wurde, war sein Schutt hier aus Kostengründen einfach liegen gelassen und eingeebnet worden, um obendrauf die Esplanade anzulegen: Die Mauern Genfs verschwanden unter einer hoch liegenden Esplanade mit Blick über die Stadt. Erst der Bau des Parkhauses Mitte der 1980er Jahre brachte einen Teil des Wehrgangs mit seiner Mauerstärke von 2,20 Metern wieder zum Vorschein. Und die herbeigerufenen Archäologen brachten sogar etwas noch Überraschenderes zutage. Am Fusse des Wehrgangs im Inneren des Parkhauses – in Höhe der Treppe zur Linken – entdeckten sie Spuren galloromanischer Grabanlagen aus dem 1. Jahrhundert vor Christi.

Steigt oder fährt man ins Parkhaus hinab, kommt es einem allerdings vor, als tauche man in einen James-Bond- oder einen düsteren Science-Fiction-Film ab. Denn die theatralisch beleuchteten Relikte des alten Genf sind hier eingebettet ins kalte, grell beleuchtete Parkhaus-Ambiente aus Beton, Glas und Edelstahl. Über eine spiralförmige Rampe blickt man in einen Hightech-Kontrollraum mit Überwachungsbildschirmen, auf Schranken und eine Ampelanlage – das alles befremdet auf eine sehr coole, sehr künstliche und sehr inszenierte Art und Weise.

Adresse Das Parkhaus unter der Esplanade Théodore-de-Bèze, 1205 Genf | ÖPNV Bus 7, Haltestelle Musée d'art et d'histoire | Tipp Im Hinterhof der Rue de l'Hôtel-de-Ville 11, 1204 Genf findet man ebenfalls Reste einer spätrömischen Mauer.

66 Die Passage de Monetier

Eine Gasse nur für Festtage

Die schmale »Passage des Monetiers«, eine winzige Gasse mit eigenem Strassenschild, gibt es seit über 800 Jahren. Sie ist fast nirgends breiter als einen Meter und misst mitunter auf Schulterhöhe kaum mehr als 40 Zentimeter. Auch die Bögen, die die Mauern stützen, sind gerade mal mannshoch. Normalerweise kann man sie nur durch Gitterstäbe von aussen betrachten, als Zeugnis einer anderen Zeit.

An zwei Tagen im Jahr aber wird das Gittertor geöffnet: zum Fest der Escalade, das alljährlich in Genf gefeiert wird, um an die erfolgreiche Verteidigung gegen die Truppen des Herzogs von Savoyen zu erinnern. Am 11. Dezember 1602 hatten diese versucht, die protestantische Bastion inmitten katholischen Gebiets zu zerschlagen.

Die Feierlichkeiten werden am ersten Wochenende nach dem 11. Dezember begangen: Kinder gehen verkleidet in die Schule, und Umzüge ziehen in historischen Kostümen durch die Altstadt. Zu Ehren der legendären Mère Royaume, die zur Verteidigung Genfs ihren heissen Suppentopf über die Stadtmauer auf einen Savoyer Soldaten schüttete, wird zur Escalade rituell Gemüsesuppe überm offenen Feuer gekocht, und mit Marzipangemüse gefüllte Schokoladenkessel zieren die Schaufenster der Chocolatiers.

Während dieses einen Wochenendes also ist die Passage begehbar – obwohl sie bei den Kampfhandlungen eigentlich keine besondere Rolle spielte. Danach wird sie wieder für ein Jahr verriegelt, was vor allem dem Ruhebedürfnis der Anwohner der Rue du Perron zugutekommt.

Ihr Name leitet sich entweder von »munimentum« ab, was Schutz bedeutet, oder von »monastier«, also Kloster, wofür die Nähe zu den Kirchen Saint-Pierre und de la Madeleine spricht. Das Gässchen ist nur 100 Meter lang und endet heute an der Rue des Barrières. Einst jedoch ging die Passage bis zur Rue de la Fontaine, wo man in der Stützmauer der Terrasse der Agrippa-d'Aubigné noch Reste eines Torbogens erkennen kann.

Adresse Rue du Perron 19, 1204 Genf | **ÖPNV** Tram 12, Haltestelle Molard; Bus 36, Haltestelle Hôtel-de-Ville | **Tipp** Geniessen Sie von der Terrasse der Agrippa-d'Aubigné den Blick auf die Seebucht.

67_Die Perle du Lac

Der botanische Garten und seine Sammlungen

Spaziert man das Quai Wilson immer weiter stadtauswärts, kommt man zum Parc Mon Repos. Flankiert von Gebäuden des internationalen Genève, wird es immer stiller, und die parallel verlaufende Rue de Lausanne ist kaum mehr zu hören. Im Sommer ist der Park ein beliebtes Ziel für ein schnelles Bad im See, die Ufer sind städtisch gepflegt, Radfahrer sausen vorbei, ein Picknick im Rucksack. Im Sommer sitzen Grüppchen von Menschen auf dem Rasen zwischen den stattlichen Baumpersönlichkeiten, die mit Schildchen versehen sind – nicht nur mit ihrem botanischen Namen, sondern auch dem Datum, an dem sie gepflanzt wurden, von wem und aus welchem Anlass: Die amerikanischen Freunde der International Labour Organisation (ILO) zum Beispiel haben 1950 den Amazonica Cupressus gepflanzt.

Vom See aus gelangt man auf einem Pfad, der vom Ufer wegführt, zum Botanischen Garten. Der Zugang zum Haupteingang, vom Norden her, führt vorbei am Denkmal für Albert Thomas, einen sozialistischen Genfer Politiker, an der Kreuzung Rue de Lausanne/Avenue de la Paix.

Auf einer gar nicht mal so grossen Fläche von 28 Hektar gibt es unendlich viel zu sehen, zu lernen, zu lesen – und zu riechen! Seit 2015 ist man sehr stolz auf den 100 Prozent ökologischen Umbau des Botanischen Gartens. Vor dem Besuch sollte man sich den Plan des Gartens ansehen, der 1817 von Auguste-Pyramus de Candolle gegründet wurde. 12.000 Arten wachsen hier, und das Herbarium mit seinen sechs Millionen Proben ist eine der fünf wichtigsten botanischen Sammlungen der Welt.

Drei Glashäuser sind seit 1904 hier beheimatet. Schon morgens warten die Tiere des kleinen Zoos auf ihre kindlichen Besucher, und auch das stattliche Karussell mit den bunten hölzernen Fabeltieren erfreut Kinder jeden Alters – während sich der Blick der Begleiter im freundlichen Café Pyramus im vielfältigen Grün verliert.

Adresse Conservatoire et Jardin botaniques, Chemin de l'Impératrice 1, 1292 Pregny-Chambésy | ÖPNV Bus 1, 11, 25, 28 und Tram 15, Haltestelle Jardin botanique | Öffnungszeiten Sommer: 1. April–24. Okt. täglich 8–19.30 Uhr; Winter: 25. Okt.–31. März 9.30–17 Uhr | Tipp »Ceci est la perle du lac«, »Dies ist die Perle des Sees«, geht wohl auf die zweite Frau von Hans Wilsdorf zurück. Der Kulmbacher machte sich mit 24 Jahren in London selbstständig und gründete 1905 in Genf das Uhrenimperium Rolex. Seine Fondation Hans Wilsdorf (seit 1945) ist heute die wichtigste Genfer Förderstruktur für Kultur.

68 Pfauen im Ariana-Park

Auf den Spuren des Weltreisenden Revilliod

Im Park rund um das UNO-Gebäude spazieren sie würdevoll, die blauen Pfauen. Ursprünglich kamen sie aus Indien und Sri Lanka. Sie haben einen ausgeprägten Geruchs- und Gehörsinn. Ihre natürlichen Feinde waren ursprünglich Tiger und Leoparden.

Wo Gustave-Philippe Revilliod, weit gereister Genfer Schriftsteller, Verleger, Archäologe, Kunstsammler und Mäzen, der 1890 in Kairo starb, zuerst den Pfauen begegnete, wissen wir nicht. Aus dem Orient, den er ausgiebig bereiste, liess er ganze Kisten voller Kunstgegenstände nach Genf bringen, die Teil des heute im Musée Ariana ausgestellten Sammlungsbestands sind. Ein Jahr nach seinem Tod wurde sein Leichnam nach Genf überführt und im Garten der Familie Revilliod de Rive, dem heutigen Parc des Nations, beigesetzt. Dieser Park rings um das Musée Ariana, das er selbst 1877 für seine private Kunstsammlung errichten liess und nach seiner Mutter Ariana nannte, reichte bis zu den Ufern des Genfer Sees. Heute ist das Musée Ariana, ursprünglich Sitz des Völkerbunds, das einzige Museum für Keramik, Glas und Porzellan der Schweiz.

Das Palais des Nations drängt sich nun in den Blick auf See und Alpen. Es wurde Anfang der 1930er Jahre im Park erbaut, den Revilliod der Stadt Genf unter drei strengen Auflagen vermachte: Erstens dort als Letzter seiner Familie begraben zu werden; zweitens den Park öffentlich zu machen; und drittens die im Park lebenden Pfauen frei spazieren zu lassen. Überliefert ist, dass Revilliod für die Pfauen in fast alle Bäume künstliche Nester bauen liess. 1892 hatte die Association des Intérêts de Genève die Stadt gebeten, dort einen kleinen Zoo, den so genannten Hirschpark, zu errichten – zur Freude aller. Im Jahr 1929 gab es 152 Tiere im Park, »darunter zehn Pfauen, aber auch Fasane, Perlhühner, Murmeltiere, Esel, Ziegen, Lamas, Antilopen und Damhirsche. Eine ganze Menagerie.« Wo sind sie geblieben?

Adresse Palais des Nations, Avenue de la Paix 10, 1202 Genf | **ÖPNV** Bus 8, 20, 22, Haltestelle Appia | **Öffnungszeiten** Musée Ariana Di–Fr 10–18 Uhr, Mo geschlossen | **Tipp** Für alle, die es noch nicht kennen: Das Musée Ariana ist in seinem Palast sehr sehenswert, selbst dann, wenn man sich nicht ausgesprochen für Glas, Keramik und Porzellan interessiert.

69_Der Pierre-à-Bochet

Von der Kultstätte zum Blumenbeetschmuck

Der graue Steinblock wirkt inmitten des dekorativen Blumenbeets wie eine jener typischen Massnahmen von Landschaftsgärtnern zur Verschönerung von Stadtrandgebieten. Oder wie ein Fels, der nach Erdarbeiten liegen geblieben ist und dann aus rätselhaften Gründen in Szene gesetzt wurde.

In seinem recht prosaischen Umfeld, in unmittelbarer Nähe zu einem doppelten Kreisverkehr mit zwei Tankstellen und kleinen Supermärkten, ist er aber auch leicht zu übersehen. Dabei hat dieser Stein wahrhaftig eine lange Geschichte, in der sich einmal mehr Naturkatastrophen sowie kulturgeschichtliche Aneignungen und Verwerfungen abwechseln. Der aus dem Bergmassiv des Mont Blanc stammende, während der letzten Eiszeit geformte Findling gehörte einst zu einer mehrere Jahrtausende alten, als Kultstätte genutzten Megalithanlage. Der flache, ovale Stein mit einem Durchmesser von etwa zwei Metern hatte dabei ursprünglich auf einem anderen Stein gelegen.

Heute 70 Kilometer von seinem Fundort entfernt, wurde der Findling zu Beginn der Christianisierung als satanisches Objekt uminterpretiert, was sich in seinem Namen »Bochet«, einer Dialektform des französischen Wortes »bouc« (dt. Ziegenbock), niederschlägt. Der vor allem in Frankreich verbreiteten Legende nach soll sich der Teufel jedes Jahr zur Mitternacht vor Weihnachten in Ziegengestalt um sich selbst gedreht und dabei Grimassen geschnitten haben.

Im 19. Jahrhundert wurde der Stein bei Erdarbeiten verschüttet, kam aber 1968 während der Baggerarbeiten für den Bau des Kreisverkehrs wieder zum Vorschein. Auch wenn der Stein heute in seiner modernen Umgebung eher wie gezähmt wirkt, zeigte sich seine unheilbringende Kraft Ende der 1980er Jahre: Der Besitzer der Tankstelle und des Lebensmittelladens nebenan, ein Ferrari-Sammler, wurde ermordet, was man selbstverständlich dem Stein und seinen okkulten Kräften zuschrieb.

Adresse Route de Jussy, Kreisverkehr Zufahrt Chemin des Prés-Courbes, 1227 Thônex | **ÖPNV** Bus 32, 37, Haltestelle Pierre à Bochet | **Tipp** Spazieren Sie vom Kreisverkehr, wo der Stein zum Vorschein kam, in Richtung Zentrum – nach dem Chemin de la Mousse kreuzt ihn ein grüner Pfad, der dem ehemaligen Schienenbett folgt und Sie entweder nach Annemasse oder in die entgegengesetzte Richtung nach Genf bringt.

70 Die Postfiliale Mont-Blanc

Magischer Historismus und zeitgenössische Kunst

Selbst wenn das Gebäude von den Genfern gern als »Mont-Blanc-Post« kleingeredet wird: Die grossen Lettern unter dem Marmorgiebel des prachtvollen Baus stellen klar, worum es sich hier eigentlich handelt: um Genfs Postzentrale, das Hôtel des Postes.

Durch den Abriss der überflüssig gewordenen Festungsmauern hatte die Stadt Genf um 1850 eine Fläche von der Grösse der bisherigen Altstadt hinzugewonnen – viel Platz für solch erhabene Bauten. Und so entstand hier zwischen Bahnhof und See von 1890 bis 1892 (nach den Plänen von Marc und John Camoletti) dieses neue strategische Zentrum des Genfer Nachrichtenwesens als eines der prestigeträchtigsten Genfer Häuser des Fin de Siècle.

Die Hauptfassade des neoklassizistischen Gebäudes weist zur Rue du Mont-Blanc hin, die über die Mont-Blanc-Brücke zur Altstadt führt. Auf dieser Fassade prangen die Namen von 15 Ländern, die zu den Gründungsstaaten der Internationalen Post-Union gehörten. In meiner Kindheit erschienen mir, dem gebürtigen Genfer, diese Wörter hoch oben am Gebäude immer wieder wie überraschende Rufe aus der fernen Vergangenheit, wenn ich dort von fast mythischen Reichen wie Österreich-Ungarn, Serbien oder Russland las, die längst nicht mehr existierten – und die heute teilweise aus der Vergangenheit wiedergekehrt sind.

Zögern Sie nicht, die wenigen Stufen hinauf- und einzutreten, um die Schalterhalle und die monumentale Treppe, aber auch ein 1991 geschaffenes Werk des Künstlers Felice Varini zu bewundern, eine Anamorphose, die mit der Farbe Gelb der Post und der Architektur des Gebäudes spielt. Die Geometrie des Kunstwerks kann übrigens nur von den beiden Eingängen aus in seiner Gesamtheit gesehen werden und zerfällt quasi, wenn man den Standpunkt wechselt. Verharrt man aber für einen Moment, so nimmt das Werk plastische Form an, und der Raum selbst wirkt plötzlich wie zweidimensional.

Adresse Rue du Mont-Blanc 18, 1201 Genf | ÖPNV Bus 6, 8, 9, 25, 61, Haltestelle Mont-Blanc. Im gleichen Gebäude ist übrigens auch Genfs zentrale Tourist-Info zu finden. | Tipp Von der Terrasse des Tea-Rooms Pouly aus, der sich an der Kreuzung Rue Mont-Blanc und Rue Chantepoulet befindet, hat man einen phantastischen Blick in Richtung See, auf die Post, die anglikanische Kirche und die Berge (Öffnungszeiten Mo–Fr 6.30–19 Uhr; Sa 7–17 Uhr; So geschlossen).

71 Provinz des Globalen

Der Sonderbotschafter im Weindorf

Das 500-Seelen-Dorf Russin gehört seit 1749 zu Genf und ist in Weinlaub gebettet. Der Blick aus den wenigen Strässchen geht übergangslos auf abfallende Weinhänge zur Rhône und auf ansteigende Weinhänge gen Jura. Einmal im Jahr, Mitte September, wird mit dem bunten Trecker-Umzug der Weinbauernsöhne und -töchter, die sich für keinen Spass zu schade sind, die Ernte gefeiert. Aber auch ausserhalb der Weinlese findet sich immer die Gelegenheit, einen guten Tropfen direkt in einem der Weingüter zu verkosten und dabei hinunter in die Genfer »Schüssel« zwischen Jura und Vuache zu schauen.

Nur die Stadt selbst und der See bleiben dabei unsichtbar, wie man auch aus dem Wohnzimmerfenster von Erica Deuber-Ziegler und Jean Ziegler noch einmal bestätigt bekommt. Der suchende Blick erfasst am äussersten Horizont einen vertikalen, weissen Schleier als letztes Zeichen von Genf: den Jet d'Eau. Doch immerhin – damit ist die Erde wieder im Gleichgewicht.

Hier in Russin also wohnt, mit distanziertem Blick über die kleine Metropole hinweg, der globale Repräsentant der Schweiz – ihr erster UN-Sonderbotschafter, das Weltgewissen gegen den Hunger und für das Recht auf Nahrung: Jean Ziegler. 1934 geboren, ist er gewissermassen das Selbstverständnis des internationalen Genf in einer Person. Immer noch eine grollende und unüberhörbare Stimme im beratenden Ausschuss des UN-Menschenrechtsrats, schreibt er unablässig gegen das Unrecht an, mit Bestsellern im Zweijahresrhythmus und Buchtiteln wie »Der schmale Grat der Hoffnung«, »Wir lassen sie verhungern«, »Ändere die Welt!«. Zumindest in Afrika ist er so zum bekanntesten lebenden Schweizer geworden. Zu Hause, wo man ihn lange Jahre eher hasste als liebte, gibt es das, was er als Nationalrat lange leidenschaftlich bekämpfte, nur noch in Fragmenten: das Bankengeheimnis als Schlupfloch für Diktatorenmillionen und Geldwäscherei.

Adresse 1281 Russin | **ÖPNV** Mit dem Zug: Linien SL 5, SL 6 ab dem Genfer Hauptbahnhof Cornavin in Richtung La Plaine wochentags halbstündig, am Wochenende stündlich. Fahrzeit rund 15 Minuten. | **Tipp** Die Domaine du Molard der Familie Desbaillet in Russin blickt auf 650 Jahre Weinanbau zurück (Weinkeller, Route des Molards 21, Weinprobe Mo–Fr 18–19 Uhr, Sa 11–12 und 17–18 Uhr).

72 Am Quai du Seujet

Wo Snowden whistlete und Genfs Jugend Joints dreht

Der Quai du Seujet ist ein Wohnblock, der erobert werden will. Vor allem von denen, die hoch oben über der Rhône im Stadtteil Saint-Jean wohnen. Und so ist der gläserne Fahrstuhl, der tagsüber vor allem Fahrradfahrer die Klippen sechs Stockwerke höher bringt, nicht wirklich ein Geheimtipp. Wohl aber ist er schon fast ein touristisches Muss. Denn oben findet man sich auf einer Terrassenlandschaft wieder, auf der selbst noch die Genfer Jugend beim ersten Joint den Blick über das alte Wasserwerk der Forces Motrices auf den See geniesst.

Hinzu kommt der Thrill, dass in den riesigen Wohnkomplex, der von 1971 bis 1984 vor die Felswand am rechten Rhône-Ufer gesetzt wurde, die Geheimdienste der Welt gern ihre Spione platzier(t)en. In seiner Autobiografie »Permanent Record« wird dies von Whistleblower Edward Snowden 2019 ausdrücklich bestätigt. Als ehrgeiziger US-Agent hatte er hier seine ersten Aufträge erledigt. Für den CIA sei Genf nämlich mit der UNO und den unzähligen NGOs vor Ort in den 2000er Jahren ein wunderbares Experimentierfeld für den Übergang von der guten, alten Agentenarbeit zur modernen Cyberspionage gewesen. Und so pendelte der junge Snowden zwischen einem »absurd geräumigen« Appartement am Quai du Seujet und der »CIA-Abteilung der amerikanischen Botschaft« an der Route de Pregny 11 hin und her und machte sich an die jungen Atomforscher im CERN ran oder an saudische Banker in den Nobelrestaurants rund um den Quai du Seujet.

Seine eigentliche Aufgabe aber war die Implementierung einer effektiven Cyberspionage fürs 21. Jahrhundert, die letztlich, so Snowden selbstkritisch, zu einem »Frankenstein-Effekt« für den CIA geführt habe: Eigentlich habe man in Genf nur Anonymisierungsmethoden erfunden, die vor allem den Hackern in die Hände spielen. Der Quai du Seujet hat damit als Hort amerikanischer Spione eher versagt.

Adresse Der Gebäudekomplex, der oft einfach »Le Seujet« genannt wird, zieht sich entlang des rechten Rhône-Ufers als Quai du Seujet von der Brücke La Coulouvrenière bis zur Brücke Sous-Terre. Der Fahrstuhl befindet sich auf Höhe der Hausnummer 20. | ÖPNV Bus 11, A 1, Haltestelle Seujet | Tipp Das Bâtiment des Forces Motrices (BFM), das sich zu Füssen des Wohnblocks am Quai du Seujet an der Rhône befindet, ist heute ein gern genutzter Saal für Veranstaltungen. 1883 gebaut, war es damals eine der grössten Wasserkraftanlagen der Welt. Es diente sowohl der Wasserstandsregulierung als auch der Trinkwasserversorgung der Stadt.

73 Rond-Point de Plainpalais

Kunst im Kreisverkehr

Der Rond-Point de Plainpalais ist ein wuseliger, kleiner Verkehrsknotenpunkt am Rande der grossen Freifläche Plaine de Plainpalais. Im Gebäude der Raiffeisenbank an seiner Südseite befand sich einst das Rathaus der stolzen Gemeinde Plainpalais, die, am Fusse des Altstadthügels gelegen, Genf erst 1931 eingemeindet wurde. Ausserhalb der Stadtmauern gelegen, war Plainpalais seit Jahrhunderten ein offener Ort der regionalen Begegnung, der Durchreise und des Austauschs, an dem auch die Zimmerleute auf der Walz ihre Bleibe fanden. Rund um den Kreisverkehr mit seinen beiden wichtigen Strassenbahnlinien locken heute zahlreiche Restaurants, Cafés und Geschäfte.

In der lebendigen Mitte des Kreisverkehrs aber hat sich inzwischen ein Ort entwickelt, an dem sich Kunst im Stadtraum aus vier Jahrzehnten verbindet. Zur Feier der Umgestaltung des Platzes wurden 1982 die ersten zwei Skulpturen aufgestellt: »Iraklion«, eine von Maurice Ruche geschaffene Doppelsäule, und »Alter ego« von Gérald Ducimetière, eine Skulpturengruppe mit vier Bronzefiguren in Lebensgrösse: An der Strassenbahnhaltestelle sitzt der Kunstmäzen André L'Huillier auf einer Bank, auf dem Bahnsteig gegenüber steht die Kunstsammlerin Monique Barbier-Mueller und sucht in ihrer Handtasche nach dem Portemonnaie. In der Nähe des Taxistands schaut sich der Autor und Literaturprofessor Michel Butor nebst Koffer suchend um. Und an der Nordseite des Platzes geht eine namenlose Frau mit Büchern unter dem Arm schnellen Schrittes ihrer Wege und grüsst jeden Voyeur, der ihr unter den Rock guckt, mit einem »Coucou«. In dem rundherum verglasten ehemaligen Info-Kiosk der Genfer Verkehrsbetriebe bietet die Galerie »Zabriskie Point« seit 2010 Künstler*innen eine kleine Ausstellungsplattform. Der Rond-Point de Plainpalais ist heute wahrhaftig ein Platz mit einer erstaunlichen Kunstdichte.

Adresse Rond-Point de Plainpalais, Genf | ÖPNV Tram 12, 15, 18, Haltestelle Plainpalais | Tipp Auf dem Platz finden verschiedene Märkte statt: jeden Dienstag und Freitag ein klassischer Obst- und Gemüsemarkt, jeden Mittwoch und Samstag ein Flohmarkt, und am ersten Sonntag im Monat ein Markt für alle Bedürfnisse, der »Marché des quatre saisons«.

74 Rue des Belles-Filles

Genfs Hort der Freiheit und Freizügigkeit

Im Januar 1870 zieht der Genfer Schriftsteller Henri-Frédéric Amiel mit dem Manuskript seines »Journal intime« in die Rue des Belles-Filles 16. Elf Jahre später ist sein Tagebuch auf 17.000 Seiten angewachsen – nicht zuletzt durch begeisterte Beschreibungen des ummauerten Gartens, der von Vogelgezwitscher erfüllt ist.

Nur seine Adresse wird sich schnell ändern. Um das ehemalige Prostituiertenviertel an gleicher Stelle vergessen zu machen, wird die Strasse auf Amiels Wunsch umbenannt. Seine einstige Wohnung liegt seither in der Rue Etienne-Dumont 38, die vom Place du Bourg-de-Four zur Promenade Saint-Antoine führt. Treten Sie ein! Die wuchtige Haustür scheint zwar vor Ihrer Wissbegierde geschützt – aber drücken Sie mal kräftig, es lohnt sich! Die Anmutung des Hinterhofs entspricht noch heute der von vor 250 Jahren, als er eine der wichtigsten Adressen der europäischen Aufklärung war.

Einmal mehr bewahrheitet sich hier, dass, wer die Epoche der Aufklärung in nuce erfahren will, nach Genf kommen muss. In der heutigen Rue Etienne-Dumont wurde die Freiheit und Freizügigkeit beim Namen genommen. Hier fanden nach der Aufhebung des Edikts von Nantes (1685) die protestantischen Druckereien der Familien Dimier, Miège oder Aubert ihre neue Bleibe. Und hier, in der heutigen Nummer 38, residierte auch die Druckerdynastie der Familie Pellet, die ab 1740 über 80 Jahre lang die Schriften der Aufklärung druckte (bis am 9. Mai 1825 ein Grossfeuer in der Rue des Belles-Filles ihre Arbeitsgrundlage zerstörte). Bei Jean Léonard Pellet wurde die Enzyklopädie von D'Alembert und Diderot gedruckt, und Voltaire ging hier ein und aus, um den Druck seines Gesamtwerks zu überwachen. 1803/04 trafen sich im Obergeschoss Germaine de Staël und Benjamin Constant, die beiden Frankreich-Emigranten von hohem Genfer Geblüt, zum Stelldichein. Ob der prüde Amiel das alles wohl wusste?

Adresse Rue Étienne-Dumont 38, 1204 Genf | ÖPNV Bus 36, Haltestelle Place du Bourg-de-Four. Die Rue Étienne-Dumont beginnt direkt am Platz. | Tipp Am anderen Ende der Rue Étienne-Dumont, am Place Franz-Liszt, erinnert das Eckhaus zur Rue Tabazan, benannt nach der Henkersfamilie Genfs, an den Klaviervirtuosen Liszt, der in der Rue Tabazan 1 ein knappes Jahr mit seiner Geliebten Marie d'Agoult lebte (die nicht erwähnt wird), viel komponierte und viel Besuch empfing – zum Beispiel seine Freundin, die Schriftstellerin George Sand, die hier im September 1836 in Reaktion auf das ihr gewidmete Rondo »El Contrabandista« die Novelle »Le Contrebandier« verfasste.

75 Die Rue des Étuves

Bäder und Bars, Banken und Buchhandlungen

Es waren die Dampfbäder (étuver = dämpfen), die dieser besonderen Strasse im unteren Teil des Viertels Saint-Gervais einst ihren Namen gaben. In etlichen Innenhöfen sind immer noch Spuren der ehemaligen Bäder zu erkennen. Entlang der Strassenseite mit den ungeraden Hausnummern steht nämlich bis heute eine Reihe ehedem zweigeschossiger Häuser aus dem 16. Jahrhundert, die im 17. und 18. Jahrhundert nach und nach aufgestockt wurden.

Auf der anderen Strassenseite und bis hinab zum Ufer der Rhône hatten sich kleine Zulieferwerkstätten der Uhrenfabriken und andere Handwerksbetriebe angesiedelt, die die Wasserkraft des Flusses nutzten. Im 19. Jahrhundert wurden die alten Gebäude jedoch durch neuere ersetzt, deren Fronten zum Quai des Bergues zeigen. Das grösste von ihnen beherbergt heute eine Bank, deren Angestellte verblüffend oft rauchend auf der Strasse zu sehen sind. In den anderen Gebäuden befinden sich edle Luxusboutiquen, die aus dem bunt gemischten Saint-Gervais-Viertel, in dem nur zwei Strassen weiter die Hausbesetzerszene sehr aktiv war, etwas herausfallen.

Auf der Rue des Étuves gab es bis Mitte des 20. Jahrhunderts viele Kneipen und Tanzbars, das Nachtleben und die Prostitution florierten. Davon zeugt noch heute das ganz in der Nähe am Platz De-Grenus gelegene erste Pornokino der Stadt. Der Strassenstrich verlagerte sich danach immer mehr ins etwas weiter nördlich gelegene Pâquis-Viertel.

Seit Mitte der 1970er Jahre wurde die Strasse zum Comic-Zentrum: Comic-Buchhandlungen wie La Marge (1975), Cumulus (1976), Papiers Gras (1982), Le Paradoxe perdu (1985) und L'Oreille Cassée (1986) hielten Signierstunden ab, liessen eine sehr aktive, lokale Szene erblühen und organisierten Comic-Ausstellungen, deren grosser Vorreiter der ebenfalls aus Genf stammende Rodolphe Töpffer war. Drei der Buchhandlungen existieren noch heute, eine davon weiterhin in der Rue des Étuves.

ÖPNV Bus 3, 5, 10, 19, 20, Tram 14, 18, Haltestelle Bel-Air | **Tipp** Besuchen Sie die 1979 von einem Akkordeonspieler in der Rue des Étuves 17 gegründete und von der Lesben- und Schwulenszene frequentierte Musikkneipe La Bretelle, die inzwischen von einem Verein geführt wird, der die ursprüngliche Atmosphäre der Bar erhält (Öffnungszeiten Di, Mi und So 17–1 Uhr und Do, Fr und Sa 17–2 Uhr).

76 Das Saint-Gervais-Theater

Für Kinder, Hausbesetzer und Kulturschaffende

Steht man vor dem schlichten Theatergebäude, kann man sich die Komplexität seiner Geschichte kaum vorstellen. Zunächst wurde es 1963 unter der Ägide des Sozialministeriums als Kulturhaus für Kinder eröffnet. Inspiriert vom französischen Modell der Nachkriegsära, das vom damaligen Kultusminister André Malraux erdacht worden war und allen Schichten den Zugang zu Kultur ermöglichen sollte, bot es Kindern und Jugendlichen Kunstwerkstätten, eine Mensa und sogar einen Schlafsaal.

In der Folgezeit aber ging es im Saint-Gervais hoch her. Von 1971 bis 1974 wurde das Gebäude von der Hausbesetzerszene in Beschlag genommen, 1975 noch mal besetzt und bis 1978 von der weiterhin sehr aktiven Genfer Alternativszene betrieben. 1982 wegen Renovierungsarbeiten geschlossen, wurden die kulturellen Veranstaltungen nun ausgelagert – bis schliesslich 1985 im renovierten Gebäude die erste Internationale Video-Woche stattfand, eines der ersten Festivals dieser Art in Europa. Zwecks Nachhaltigkeit wurde später zudem eine Stiftung zur Förderung von Videokunst gegründet.

Inzwischen beherbergt das Gebäude ein Theater mit zwei Sälen: ein grosser mit 170 Plätzen im Untergeschoss; ein kleinerer mit 60 Plätzen auf der obersten Etage. Das Theater erfüllt heute den doppelten Anspruch, gestandenen Künstlern aus dem In- und Ausland eine Bühne zu bieten, aber auch neue Produktionen zu unterstützen. Im Bistrot La Réplique im Erdgeschoss lässt sich nach einem Theaterabend noch ein Glas Wein in entspannter Atmosphäre geniessen.

Im Gebäude ansässig ist ebenfalls eine theaterbezogene Agentur, die mit einer Schauspielschule vernetzt ist.

Trotz des modernen, beinah nüchternen Erscheinungsbilds des Gebäudes deutet die nachts grün leuchtende »Laser-Klammer« des Schweizer Künstlers Gunter Frentzel auf der Fassade zu Recht darauf hin, dass auch die Kultur in dem Gebäude ständig in Bewegung ist.

Adresse Rue du Temple, 1201 Genf | ÖPNV Tram 15, Bus 1, Haltestelle Goulart | Öffnungszeiten www.saintgervais.ch | Tipp Der grosse Salle du Faubourg, das an das Saint-Gervais-Theater grenzende Gebäude (Zugang Rue des Terreaux-du-Temple 6–8), wurde 1916 als Gemeindesaal des Viertels, Arbeitsamt und Verwaltungsgebäude mit Ateliers unterm Dach gebaut. Auf dem Relief über der Eingangstür werden Familie und Arbeit symbolisiert. Ist das Gebäude geöffnet, lohnt ein Blick in den grossen Festsaal auf der ersten Etage.

77_Der Salève

Genfs Hausberg auf der anderen Seite der Grenze

Um den 20 Millionen Jahre alten Berg Salève ranken sich unzählige Geschichten. Zu den französischen Voralpen gehörend, leitet sich sein Name vom lateinischen »salire« ab, das »hervorquellen« bedeutet. Kinder nennen den Kalksteinriesen aber meist einfach den »Wal«, »la baleine«.

Zu Fuss lässt er sich leicht besteigen, auf einer normalen Asphaltstrasse befahren oder aber schwebend erobern: mit der 1932 erbauten Seilbahn. Zwischen 1892 und den 1930er Jahren führte auch eine Zahnradbahn hinauf. Im Winter gibt es Langlaufloipen und in Croisette eine Skischule für Kinder. Gleitschirmflieger starten ganzjährig vom Gipfel aus in die Lüfte, und Speläologen erforschen die Grotten, durch die ein kürzlich entdeckter unterirdischer Fluss fliesst. Seit anderthalb Jahrhunderten gibt es zahlreiche Klettersteige. Über einer Schlucht kurz unterhalb des Gipfels prangt ein riesiges Savoyer Wappen, das die Schweizer daran erinnert, dass der Salève, Spielplatz für Sportler, Naturliebhaber und Erholungsuchende, zu Frankreich gehört – auch wenn der Grossteil der Berg-Grundstücke das Eigentum von Schweizern ist.

Der Salève ist eine Insel inmitten einer stark verbauten Landschaft, die sich ihr alpines Flair mit reicher Flora (Weidenröschen, Türkenbundlilien, Mehlbeeren) und Fauna (Auerhähne, Gämse, Luchse) erhalten hat. Leider fahren viel zu viele Menschen mit dem Auto auf den Berg – der erneute Bau einer Zahnradbahn ist deshalb in Planung. Von der Rue de la Corraterie aus kann man ihn aber auch einfach nur betrachten und von dort die Grande Corraterie, ein Felsband unterhalb der Gipfellinie, entdecken. Diese ockerfarbene Wunde des Steinbruchs, die sich seit mehr als einem Jahrhundert in die Bergwand frisst, kann 2033 vielleicht sogar verheilen, dann erlischt nämlich die Konzession, den Stein abzutragen. Die mittelalterliche Eisen- und Kohlegewinnung hinterliess deutlich weniger Spuren.

Adresse La Croisette, 74560 La Muraz, Frankreich; die Zufahrt zum Berg liegt etwa neun Kilometer von Genf entfernt | **Tipp** Planen Sie eine Erfrischung oder eine Mahlzeit in einem der Restaurants des Dörfchens La Croisette auf dem Salève ein. Besteigen Sie den Gipfel, um seine südöstliche Flanke zu entdecken – mit der Ebene von Bornes, dem Tal der Arve, dem Aravis- und natürlich dem Mont-Blanc-Massiv.

78 Der Salle communale Dada

Plainpalais: Feste und Kongresse

»Über Europa ist eine desperadohafte Lethargie gekommen«, heisst es am 17. Dezember 1919 im »Prager Tagblatt« über den »ersten Weltkongress der Dadaisten«. Autor des anonymen Artikels: Walter Serner, seines Zeichens Hochstapler und Gentleman, Dadaist und Schriftsteller. Zu den Beschlüssen des Kongresses habe beispielsweise die Ersetzung der »Bezeichnung *Maler* durch die Interjektion *Oho*« gehört, so Serner. Im Verlauf der Veranstaltung sei der Ober-Dadaist Tristan Tzara dann durch ihn erschossen worden.

Der damals erst 13 Jahre junge Festsaal in der Rue des Eaux-Vives 8, in dem sich dies vermeintlich abspielte, ist heute ein Zentrum für zeitgenössischen Tanz. Der Dada-Kongress hingegen hat hier nie stattgefunden. Er war eine Zeitungsente. Und ein Fake war auch der Dada-Ball im Salle communale de Plainpalais vier Monate später, zu dem sich »bereits um 10 Uhr eine beängstigende Menschenmenge« bewegte und wo um Mitternacht »kleine Dadapfeifen« verkauft wurden. Das Stadtteilhaus existiert zwar immer noch für Veranstaltungen aller Art; zum Dada-Ball im März 1920 aber fanden sich neben Serner und seinem Künstlerkollegen Christian Schad gerade mal eine Handvoll Freunde ein. Dada, das bedeutete nach den grauenhaften Erfahrungen des Ersten Weltkriegs Widerstand gegen den Unterhaltungsbetrieb: zum Beispiel mit künstlerischen Fake News gegen die unerträgliche Verrohung des Seins.

Ihr Büro für künstlerische Interventionen hatten die beiden Kriegs-Emigranten Serner und Schad in der gemeinsamen Wohnung am Chemin de Roches 2, wo Schad mit Fotopapier und Fundsachen experimentierte und Serner mit »Letzte Lockerung« den wichtigsten programmatischen Dada-Text schrieb. Und auch Serners Roman »Die Tigerin« entstand hier: Seine Protagonistin Bichette hatte ihr lebendiges Vorbild in der Tänzerin Burgie, die im Café de la Couronne an der Place du Molard auftrat (wo heute »Cartier« residiert).

Adresse Salle communale de Plainpalais, Rue de Carouge 52, 1205 Genf | ÖPNV Tram 12 und 18, Haltestelle Pont-d'Arve | Öffnungszeiten unregelmässig, aber meistens nachmittags und abends für Veranstaltungen geöffnet | Tipp Im Untergeschoss des Hauses befindet sich, von aussen zugänglich, die ambitionierte Bibliothèque interculturelle des Roten Kreuzes mit knapp 40.000 Büchern in 287 Sprachen und Dialekten. Vor allem als Präsenzbibliothek jederzeit während der Öffnungszeiten wochentags 9.30–11.45 und 13.30–18 Uhr sowie Sa 11–15 Uhr nutzbar. »Genève internationale« im Kleinen.

79 Schlagzeilen im Stadtraum

Das System kontrollierten Vertrauens

Überall in der Schweiz findet man vor Genfer Kiosken und Supermärkten auch heute noch eine grosse Bandbreite kostenpflichtiger und kostenloser Tages- und Wochenzeitungen in kistenförmigen Zeitungsständern. Im Morgengrauen werden sie bestückt und – auf die Ehrlichkeit der Menschen setzend – künden von den Nachrichten des Tages und prägen das Genfer Stadtbild.

Anfangs handelte es sich bei den ersten Kastenmodellen um festgekettete, auf drei Füssen stehende, nach vorne weit geöffnete Metallbehälter mit einem Schlitz für den Münzeinwurf. Je nachdem, aus welcher Himmelsrichtung der Wind in die Kisten blies, verwandelten sich die Zeitungen an Regentagen in aufgeweichte Lappen oder blieben halbwegs lesbar. Die erste Verbesserung stellte deshalb ab den 1970er Jahren eine durchsichtige Plexiglasklappe dar, die zwar nicht vor Diebstahl, aber vor den Unbilden des Wetters schützte.

Vereinzelt wachen Kontrolleure darüber, ob man Münzen einwirft oder sich einfach eine Zeitung herausnimmt. Trotzdem sieht man immer wieder, wie verstohlen die unbezahlte Zeitung durchblättert und dann zurückgelegt wird – ein Verhalten, das die Genfer mit ihrem ausgeprägten Sinn für soziale Selbstkontrolle empfindlich stört. Zu Beginn der 1980er Jahre begegnete man dem Diebstahl sogar psycho-technisch: Für Verkaufsständer der »La Suisse« (1994 eingestellt) spielte man eine weibliche Stimme ein, die sich nach dem Geldeinwurf freundlich mit einem »Merci vielmals« bedankte, während eine ernste Männerstimme ermahnte: »Haben Sie nicht etwas vergessen?«, sobald die Klappe ohne Münzeinwurf geöffnet wurde. Doch nachdem sich einige anfangs ertappt fühlten, dann aber schnell Unsinn mit den Stimmaufzeichnungen getrieben wurde, schaffte man sie wieder ab. Und doch bleibt es berührend, wie der Genfer bis heute auf das soziale Bindeglied des gegenseitigen Vertrauens setzt.

Adresse Place de Neuve, der Zeitungsständer steht an der Strassenbahnhaltestelle | **ÖPNV** Tram 12, 18, Bus 3, 5, 20 | **Tipp** Das Café de la Presse am Boulevard de Saint-Georges 62–64 verdankt seinen Namen der Nähe zu praktisch allen ehemaligen und noch existenten Genfer Zeitungsredaktionen, darunter La Tribune de Genève, La Suisse, Journal de Genève, Le Courrier, GHI (Öffnungszeiten: 12–14.30 Uhr und 19–21 Uhr).

80 »Schöner Aufenthalt«

Der Galgen an der Avenue de Beau-Séjour

Man muss sich die öffentliche Hinrichtung der frühen Neuzeit als einen ambivalenten Akt zwischen Strafe und Volksbelustigung vorstellen. Der Galgen von Genf zumindest befand sich an exponierter Stelle.

Da, wo im heutigen Stadtteil Champel Genfs renommierte Privatklinik für Knochenbrüche aller Art ihren Sitz hat, die Clinique La Colline, treibt der Strassenname Beau-Séjour – Schöner Aufenthalt – seinen groben Spott mit der Vergangenheit dieser Anhöhe: Denn hier hingen im 16. Jahrhundert im damaligen Faubourg de Saint-Victor die zum Tode Verurteilten des Stadtstaates Genf mit der reizendsten Aussicht über Stadt und Land. Heute versperrt der Komplex der Uniklinik diesen Blick. Aber fürs Genfer Volk bot das Schauspiel des öffentlichen Tötens einen willkommenen Anlass für einen Ausflug ins Grüne. In seiner Geschichte öffentlicher Hinrichtungen in Europa zählt der Historiker Richard van Dülmen bis zu 20.000 Zuschauer – oft sei die »ganze Stadt« anwesend gewesen.

In Genf, am Galgen über der Arve, hing beispielsweise der Kopf des Freiheitskämpfers Philibert Berthelier, dem sein patriotischer Widerstand gegen die Savoyer schlecht bekam. Am 23. August 1519 liess Herzog Karl III. ihn enthaupten, sein Kopf wurde für zwei Jahre an einen der Pfeiler der Arve-Brücke genagelt, während man den Rest seines Körpers am Galgen aufhängte. Der Calvinismus änderte an diesen Grausamkeiten wenig. Davon berichten die Gedenktafeln und -steine rund um die Statue des traurigen Michel Servet nur wenige Meter unterhalb des einstigen Galgenstandorts. Servet wurde 1553 wegen Häresie auf dem Scheiterhaufen verbrannt. Jean Calvins offensives Einverständnis mit der staatlich exekutierten Ermordung des spanischen Denkers gilt heute selbst unter Calvinisten als Schandfleck auf der vermeintlich so weissen Weste des Gründervaters des »protestantischen Rom«.

Adresse Die sitzende Figur des spanischen Philosophen Michel Servet findet man auf einer abschüssigen Brache an der Kreuzung der Avenue de la Roseraie und der Avenue de Beau-Séjour | ÖPNV Bus 35, Haltestelle Roseraie | Tipp Ebenfalls an der Avenue de la Roseraie findet man an der Nummer 64 einen futuristischen Monolithen aus Glas und Beton, der – selbst wenn das Haus meistens verschlossen ist – den Blick lohnt: Die vierstöckige »Tulpe« – »La Tulipe« – des Architekten Jack V. Bertoli aus dem Jahr 1976 steht auf einem zentralen Betonbein und leuchtet mit seiner schmutzig rosa Glasfensterblüte wie ein leicht verstaubtes Riesenmineral. Seventies-Design pur.

81 Der Schwarze Milan

... fliegt von der Innenstadt zur Allondon

Der Schwarze Milan (*Milvus migrans*) gehört zur grossen Genfer Bevölkerungsgruppe der Migranten. Anders als die Wasser der Rhône aber, die einmal gen Süden gezogen, nie wiederkehren, ist der Schwarze Milan ein treuer Geselle. Spätestens im Februar kommt er aus seinen afrikanischen Gefilden zurück, baut seine Nester, zieht seine Jungen gross, bevor ihn im August die Sehnsucht wieder nach Afrika lockt.

Der Schwarze Milan ist das wohl scheueste Haustier der Stadt und hat gerade deswegen die leidenschaftlichsten Verehrer. Hoch oben zieht er über den Klippen der Rhône seine Kreise, allein, sich zu zweit in den Lüften kabbelnd oder im Schwarm, immer den städtischen Speiseplan fest im Blick. Mit angezogenem Flugapparat stürzt er sich dann im richtigen Moment in die Häuserschluchten der Moderne und krallt sich die Leckerbissen im Flug – zum Beispiel in einem Hof in der Rue Terrassière, wo seine erdgebundene Freundin Dominique Quennoz am 25. Juni 2014 vor der Hauswand der Rue de Villereuse 6 dieses Foto von ihm machte.

Aber setzen Sie sich vielleicht einfach im Flecken Les Baillets aufs Mäuerchen über die Weinhänge des kleinen Flusses Allondon. Lassen Sie die Beine baumeln und schauen Sie übers Land hinüber zum Jura. Das Schauspiel der unzähligen Schwarzen Milane im blauen Himmel wird Ihnen den Tag nicht lang werden lassen. Denn hier, rund um den Staudamm von Verbois, lässt er sich im Frühjahr gern nieder und zieht seine Kreise. Die Stadt Genf hat ihren schwarzbraunen Migranten zum offiziellen Botschafter für Biodiversität erklärt und begleitet ein ausgewähltes Paar auf seinen Wegen. Falls Sie am Museum für Naturgeschichte vorbeikommen, dann lassen Sie sich den Band »En suivant les milans noirs« (Ed. Terre & Nature, 2016) zeigen: ein schönes Buch mit Zeichnungen des Genfer Künstlers Pierre Baumgart, der ihnen mit dem Bleistift bis nach Afrika gefolgt ist.

Adresse Les Baillets, 1281 Russin | ÖPNV Bus P, Haltestelle Les Baillets | Tipp Unweit von Les Baillets liegt an der gleichen Buslinie das Dorf Dardagny, in dem – neben zahlreichen anderen – das Weingut der Familie Hutin zu Hause ist (Haltestelle Les Tilleuls und den Schildern folgen). Les Hutins gelten mit ihrem Gamaret, den sie als erste in Genf anbauten, als Erneuerer des drittgrössten Weinbaukantons der Schweiz.

82 Am Seeufer

Bei Barsch, Saibling und Hecht

Es gibt sie immer noch, mitten in der Stadt, die wenigen lizenzierten Fischer, die vom Fischfang leben und die Restaurants beliefern. Von der Anlegestelle Rive Droite besteigen wir eine der »Mouettes« (auf Deutsch: Möwen) der Linie M2. Wir rauschen am Jet d'Eau vorbei und erleben von Nahem die Kraft des bis zu 140 Meter hohen Wasserstrahls, staunen über die vielgestaltig fallenden Wassermassen, ihre sich ständig wandelnden Formen und die nebelartigen Schwaden, die an windigen Tagen die Fontäne in einen irisierenden Schleier verwandeln.

Steht man an der Anlegestelle am Quai Gustave-Ador, ist man lange noch nicht auf der Mole, die am Springbrunnen vorbei hinaus zum ehemaligen Molenfeuer führt. Ebenso wie der gegenüberliegende Leuchtturm ist es im Zuge der Konzeption der Genfer Reede 1857 errichtet worden. Von hier aus hat man einen weiten Blick auf die Rade de Genève, umrahmt von denkmalgeschützten Stadthäusern: Dort zahlt man die teuersten Mieten der Stadt, denn von den Fenstern aus hat man einen privilegierten Blick auf das beliebte Wahrzeichen.

Reizvoll ist der Kontrast zwischen der luxuriösen hochherrschaftlichen Eleganz und den einfachen Fischerhütten mit den aufgehängten Netzen und aufgerollten Tauen, die daran erinnern, dass die Fischerei ein einheimisches Handwerk mit jahrhundertealter Tradition am Genfer See ist. Im Jahr 2018 gab es noch 138 eingetragene Berufsfischer. Fünf bekannte Fischsorten schwimmen im Léman, die auch auf den Speisekarten zu finden sind: der Hecht (brochet), die Forelle (truite), der Saibling (omble chevalier) und der kleine, sehr beliebte Barsch (perche). Der einzig endemisch im Léman und in höher gelegenen Gewässern des Jura angesiedelte edle Féra (Felchen) ist zwar nach Auskunft verschiedener Quellen längst ausgestorben, wird aber – oh Wunder – immer noch gefischt und verzehrt. Der Ertrag bei Egli, Hecht und Saibling aber steigt.

Adresse Quai Gustave-Ador, Promenade du Lac, 1207 Genf | ÖPNV Mouette: M 2 ab Haltestelle Pâquis, Bus 6, 8, 9, 25, Haltestelle Jardin Anglais | Öffnungszeiten Frischen Fisch kann man direkt, aber nur unregelmässig bei den Fischern kaufen. | Tipp Der Verein Fédération de Sociétés de Pêche Genevoises bietet Amateuren an, einen Angelschein zu erwerben, und setzt sich für den Erhalt der Fischvielfalt in den Genfer Gewässern ein.

83_Sisis Tod am See

Oder: Vom tragischen Ende eines Mythos

Gleich zwei Denkmäler sind der Kaiserin Elisabeth von Österreich und ihrem tragischen Tod am Genfer See gewidmet. Einen Tag vor dem Ereignis, dem 9. September 1898, war die 60-jährige Sisi bei ihrer Bekannten, der Baronin Julie Rothschild, eingetroffen. Am nächsten Tag begab sie sich in Begleitung ihrer Hofdame zur Anlegestelle des Schiffs »Genève«, wo ihr der italienische Anarchist Luigi Lucheni mit einer Feile ins Herz stach. Im Glauben, nur einen Faustschlag erlitten zu haben, betrat sie das Dampfschiff, auf dessen Deck sie zusammenbrach. Im Hotel Beau-Rivage, schräg gegenüber, konnte nur noch ihr Tod festgestellt werden.

An den Anschlag erinnert vor der herrlichen Aussicht auf die Bucht und die Berge eine diskret am Geländer der Uferpromenade gegenüber dem Hotel de la Paix angebrachte Bronzetafel: mit Sisis Namen und dem Todesdatum des 10. September 1898. Das zweite Denkmal wurde 1998 auf der Promenade gegenüber dem Hotel Beau-Rivage zu ihrem 100. Todestag enthüllt. Die Bronzeskulptur des Briten Philip Jackson, 200 Meter von der Gedenktafel entfernt, zeigt eine fast jugendlich wirkende Kaiserin mit Hut, figurbetontem langen Kleid und einem Fächer, den sie wohl stets bei sich trug, um ihre Falten und Sommerbräune zu verbergen, die von den vielen Aufenthalten an der frischen Luft herrührten. Die Statue wurde von der Association Fonds de Solidarité SISSI initiiert, deren Vereinszweck die Unterstützung des Touristendampfers »Genève« ist.

Sisi, aufgewachsen in Possenhofen am Starnberger See, mit freiem Blick auf die bayerischen Voralpen, starb am Ufer des Genfer Sees, ebenfalls mit unverstellter Aussicht auf die Alpen. Dazu passt vielleicht die Erinnerung ihrer Hofdame an einen kleinen, glücklichen Satz der Kaiserin am Ankunftstag in Genf: »Ich wünschte, meine Seele könnte durch eine ganz kleine Öffnung in meinem Herzen in den Himmel entgleiten.«

Adresse Bronzetafel: Quai du Mont-Blanc, gegenüber dem Haus Nr. 11. Statue: Quai du Mont-Blanc, gegenüber dem Haus Nr. 15 | **ÖPNV** Taxiboot, Mouettes M1, Anlegestelle Pâquis, Bus 6, 8, 9, 25, Haltestelle Mont-Blanc | **Tipp** In einer Vitrine im 1. Stock des Hotels Beau-Rivage werden auf dem Flur persönliche Erinnerungsstücke an die Kaiserin ausgestellt: unter anderem die letzte Rose, die sie trug. Und in der »Genève«, dem 1896 vom Stapel gelaufenen Schiff, auf das Sisi sich retten konnte und das 1974 vorm Verschrotten gerettet wurde, können Sie von Mitte Mai bis Mitte September zu Mittag essen. Es liegt gegenüber der Blumenuhr dauerhaft am Quai. www.bateaugeneve.ch

84_Spaziergang in Thônex

Ein Landausflug in die Grotte von Lourdes

Von der Bushaltestelle an der Route Blanche führt der Weg in Richtung Grenze, vorbei an der Kirche Saint-Jean Baptiste Trois Hiérarques und hier rechts in den Chemin du Bois-Des-Arts. Plötzlich wähnt man sich in einem alten Dorf am Waldrand: Nach einigen traditionellen Behausungen aus dem 18. Jahrhunderts erahnt man linker Hand inmitten eines baumbestandenen Gartens die orthodoxe Kirche der rumänischen Gemeinde. Inspiriert von einer Kirche im siebenbürgischen Dragomiresti, wurde sie wie diese in Rumänien aus Eichen- und Tannenholz gefertigt, in Einzelteilen nach Thônex transportiert und hier 1995 binnen dreier Wochen aufgebaut. Ihre Holzbalkenkonstruktion ist genau wie der Glockenturm, das mit Holzschindeln bedeckte Dach und die offene Säulenhalle – der Übergang von der Welt des Profanen ins Heiligtum – von der Strasse aus gut sichtbar. Gefördert wurde der Bau von einem Genfer Mäzen rumänischer Herkunft und der rumänischen Gemeinde. Das Grundstück kam vom Kanton Genf.

Am Ende der Strasse erreicht man eine zweite Kirche: die katholische Kirche Saint-Pierre, an deren Rechten sich ein bescheidener Nachbau der Grotte von Lourdes erstreckt, um den sich die Gemeinde mit viel Hingabe kümmert. In ihrem Inneren finden sich einige Votivtafeln. Pater Desclouds, der erste Priester der Pfarrgemeinde, hatte hier im Widerstand während des Zweiten Weltkriegs als Résistance-Mitglied der ersten Stunde zahlreichen Flüchtlingen über die nahe französische Grenze zur Flucht in die Schweiz verholfen.

Biegt man links in die Avenue de Thônex ein und geht über eine kleine Brücke, die die Autobahn überspannt, kommt man in den Floraire-Park, den der Botaniker Henry Correvon 1902 als Alpengarten angelegt hat. Von der höchsten Stelle aus, an der sich das Chalet Floraire, das heute ein Restaurant beherbergt, befindet, hat man nochmals einen schönen Blick auf die orthodoxe rumänische Kirche.

Adresse Chemin du Bois-Des-Arts 43, 1226 Thônex | ÖPNV Bus 5, 25, Haltestelle Sous-Moulin | Öffnungszeiten nach Anmeldung unter Tel. 022/7342513 | Tipp Bummeln Sie durch das charmante alte Viertel, das von den grossen Zufahrtsstrassen du Gothard und du Vieux-Chêne auf der einen und vom Fluss Seymaz kurz vor seiner Einmündung in die Arve begrenzt wird.

85 Auf den Spuren Lenins

Unter dem Schutz der Stadt Genf

Zwischen 1895 und 1916 hielt sich Wladimir Iljitsch Lenin wiederholt in Genf auf. Die Stadt beherbergte eine grosse russische Gemeinde, darunter auch viele politische Oppositionelle. Und so lernte Lenin hier seinen Landsmann Georgi Plechanow persönlich kennen, der in Genf Exil genoss und dessen marxistische Theorien Lenin genau studiert hatte. Nur wenige Schritte von der Wohnung Plechanows entfernt, in der Rue de Candolle 6, fand im Oktober 1903 der berühmte Kongress der Liga sozialdemokratischer Russen im Ausland statt, bei dem in der damaligen Brasserie Landolt in Anwesenheit Lenins die Spaltung in Bolschewiki und Menschewiki beschlossen wurde. Lenin, der Genf eigentlich nicht mochte, hielt es für notwendig, »in einer solchen Stadt ein Büro« für seine Partei einzurichten.

Obwohl er sich immer nur kurz in Genf aufhielt, sind Lenin zwei Gedenktafeln und wahrscheinlich auch ein grosses Flachrelief gewidmet. Die 1967 von sowjetischen Botschaftern und einem Genfer Stadtrat im Beisein von ein paar hundert Personen eingeweihte Tafel an der Rue des Plantaporrêts 3 feiert den »Gründer der Sowjetunion«. Die zweite Tafel an der Rue des Tanneurs 2bis in Carouge wurde in aller Stille ohne Publikum angebracht und erinnert an den russischen Revolutionär und Staatsmann »Uljanov, genannt Lenin«. Das interessanteste Objekt ist jedoch das von Paul-Maurice Baud 1921 in den Molard-Turm eingefügte Flachrelief »Genf – Stadt der Zuflucht«, das eine Frau mit Wappenschild zeigt, die schützend einen Umhang über einen bärtigen Mann mit hoher Stirn breitet, der sich auf einen Ellbogen stützt und – Lenin verdammt ähnlich sieht. Bauds Relief war 1919 entstanden – zwei Jahre nachdem Lenin die Schweiz von Schaffhausen aus in einem verplombten Zugwaggon und unter Mithilfe des Deutschen Kaiserreichs gen Petrograd verlassen hatte, um sich aktiv in die Revolution einzumischen.

Adresse Die Gedenktafel 1 ist in der Rue des Plantaporrêts 3, 1205 Genf; Gedenktafel 2 in der Rue de la Tannerie 2bis, 1227 Carouge. Das Flachrelief ist am Place du Molard, 1204 Genf. | ÖPNV Rue des Plantaporrêts: Bus 2, 11, 19, D, Strassenbahn 14, Haltestelle Jonction. Carouge: Tram 12, Haltestelle Carouge Marché. Place du Molard: Bus 2, 7, Tram 12 oder mit dem Taxiboot Mouettes M 1, Anlegestelle Molard | Tipp Das Feuerwehrmuseum in der Rue du Stand 1bis wurde von ehemaligen Feuerwehrleuten gegründet und wird noch heute verantwortlich und ehrenamtlich von ihnen betreut. (Geöffnet am Mittwoch und Sonntag 10–12 Uhr und 13–15.30 Uhr.)

86 Das Städtchen Carouge

Die Stadt aus der Retorte des 18. Jahrhunderts

Zu Beginn des 18. Jahrhunderts war Carouge noch ein aus 24 Häusern bestehender Savoyer Weiler an der alten römischen Verbindungsstrasse zwischen Chambéry und Genf. Damals markierte die Arve hier die Grenze Genfs zum Herzogtum Savoyen. Um mit dem prosperierenden protestantischen Genf konkurrieren zu können, beschloss Karl Emanuel III., König von Sardinien-Piemont und Herzog von Savoyen, 1750, das strategisch günstig gelegene Dorf in ein Handelszentrum umzuwandeln. Fünf Architekten aus dem Piemont bemühten sich nacheinander, die Pläne für die »neue Stadt« umzusetzen. Ein Drittel davon wurde tatsächlich verwirklicht. Innerhalb von 20 Jahren wuchs Carouge so von 767 auf 4.672 Einwohner an. Im Rahmen des Vertrags von Turin trat das Königreich von Sardinien-Piemont die Stadt Carouge dann aber dem seit 1815 zur Schweizer Eidgenossenschaft gehörenden Kanton Genf ab. Aus Konkurrenz wurde Komplementarität.

Hat man die Pont de Carouge überquert, gelangt man mit der Rue Saint-Joseph in das kleine architektonisches Universum dieser »neuen Stadt« aus dem 18. Jahrhundert: Dank der niedrigen Häuser, der kleinen Handwerksbetriebe mit ihren schmiedeeisernen Schildern, der hübschen Geschäfte, Kunstgalerien, Cafés, Bars und Restaurants wähnt man sich beinah jenseits der Alpen. Hinter den Fassaden kann man Innenhöfe mit kleinen Gärten und Laufgängen aus Holz entdecken. Carouge ist eine Stadt, die sich wunderbar zu Fuss entdecken lässt – mit offenen Augen fürs Detail, wie ihre Kirchturmuhrzeiger aus Sonne und Mond.

Auch sein weiteres schnelles Wachstum im 19. und 20. Jahrhundert konnte diese homogene Struktur des schönen Städtchens Carouge nicht zerstören, selbst wenn 1958 am Stadtrand sechs grosse Wohntürme entstanden. Genau diese Türme nahm sich dann der international renommierte Comiczeichner Zep in seinem »Titeuf« zum Vorbild für seine »neue Stadt«.

Adresse 1227 Carouge | **ÖPNV** Tram 12, 25, Haltestelle Octroi | **Tipp** Das einzige, 1928 errichtete Kino von Carouge stand kurz vor dem Abriss, wurde aber dank einer Petition im Jahr 2003 gerettet. Längst renoviert, wird es seither von einem Verein unter dem Namen »Cinéma Bio« als generationsübergreifendes Programmkino geführt. In der Bar des Kinos finden kleine Konzerte statt (Rue Saint-Joseph 47, 1227 Carouge, Programm und Öffnungszeiten: www.cinema-bio.ch).

87_Das Stadtmodell

Magnin, Architekt seiner eigenen Erinnerungen

Das im obersten Stockwerk des Maison Tavel ausgestellte Modell der Stadt Genf um 1850 ist das Werk Auguste Magnins. Nach seinem Architekturstudium an der École des Beaux-Arts von Paris nach Genf zurückgekehrt, unterrichtete Magnin und begann ab 1880, ein sehr exaktes, 33 Quadratmeter grosses Stadtmodell von Genf anzufertigen, das er 1896 anlässlich der Schweizer Landesausstellung in Genf erstmals präsentierte.

Magnins Ambitionen, seine jahrelange, mit vielen Unwägbarkeiten verbundene Arbeit, all das ist erstaunlich genug, doch vor allem verblüfft seine Motivation, ein exaktes Abbild der Stadt vor Beginn der Zerstörung der Befestigungsanlagen im Jahr 1850 zu fertigen. Er verfolgte ausdrücklich die Absicht, die Stadt in ihrer alten Form historisch korrekt in Erinnerung zu behalten. Wenn Genf sich wie viele andere Städte seiner Befestigungsanlagen entledigte, so geschah dies nicht, weil sie strategisch überholt waren, sondern vielmehr aus ökonomischen, demografischen und hygienischen Gründen. Auguste Magnin aber bedauerte »den Verlust des pittoresken und geschlossenen Stadtbildes, das dem banalen Aspekt einer offenen, kosmopolitischen Stadt weichen muss«.

Doch seinem Werk wohnt eine noch tiefere und persönlichere Idee inne, denn mit den Befestigungsanlagen verschwanden auch die räumlichen Bezugspunkte, die ihm als Kind wichtig gewesen waren. Mit seinem Modell wurde er darum auch der Architekt seiner eigenen Erinnerungen, die er mit Hilfe eines Juweliers und mehrerer Schlosser en miniature wiederauferstehen liess. Die Häuser und Befestigungsanlagen sind aus Zink, die Dächer mit den Schornsteinen aus Kupfer, und für die 1.500 Bäume wurden Kupferdrähte in Zinn getaucht. Der See bestand ursprünglich aus einer blauen Glasscheibe. Um den Betrachtern den Blick auf die grosse Fläche zu erleichtern, ist das ansonsten absolut präzise Modell perspektivisch leicht verzerrt.

Adresse Rue du Puits-Saint-Pierre 6, 1204 Genf | ÖPNV Bus 36, Haltestelle Hôtel-de-Ville | Öffnungszeiten Di–So 11–18 Uhr | Tipp Im Café-Restaurant Papon im Keller des Baudet-Turms (Rue Henri Fazy 1) treffen sich die Genfer Politiker nach ihren Ratssitzungen gleich nebenan (Öffnungszeiten: Mo–Fr 8.30–23.30 Uhr, Sa 10–23 Uhr).

88 Steinerne Mahnwache

Wo die WHO auf ihre NGO trifft

Es gibt keinen Plan von all den Gedenksteinen, Erinnerungstafeln und Skulpturen rund um das Palais des Nations. »Das wäre ein Desiderat erster Güte!«, findet der engagierte Historiker im Genfer Archiv. Es ist aber auch eine Chance für das Entdecker-Gen, das in jedem Bildungstouristen schlummert.

Denn die Vielfalt der Monumente im internationalen Genf, die sich vom Park Ariana mit dem Gandhi-Denkmal bis hoch zum Sitz der Arbeiterorganisation ILO mit seinen Arbeiterskulpturen ziehen, ist die Suche wert. Jedes einzelne erzählt von einem je besonderen Kampf um Menschenrechte auf der Welt. Und jede Stele basiert zugleich auf oft jahrzehntelangem Engagement, durch das sie selbst Wirklichkeit wurde.

Die Tschernobyl-Stele ist ein Beispiel. Es ist nicht leicht, sie zu finden. Stein gewordene Mahnwache, steht sie gegenüber der Einfahrt der Weltgesundheitsorganisation WHO und erinnert an die Opfer von Tschernobyl, die inzwischen bis in die vierte Generation an den genetischen Folgen ihrer Verstrahlungen leiden, und an Fukushima. Die »Independent WHO«, Initiatorin der Stele, spricht von 985.000 Todesopfern bis 2004. Die WHO, sagen sie, spreche von 50 Toten. Manchmal dokumentieren sich Wahrnehmungsunterschiede zwischen der Staatengemeinschaft und den internationalen NGOs in ziemlich ernüchternden Zahlen.

Also hielt die Independent WHO Mahnwache vor der WHO. Ab dem 21. Tschernobyl-Gedenktag am 26. April 2007 jeden Wochentag. Die Eichhörnchen frassen ihnen irgendwann aus den Händen, und die Busfahrer grüssten mit der Lichthupe. Einmal wurden sie von der Generalsekretärin in die WHO eingeladen. Das war nach Fukushima. Bis zum 31. Tschernobyl-Gedenktag am 26. April 2017 standen sie vor der WHO. An diesem letzten Tag stellten sie den Stein unter die Bäume. Seitdem verrichtet er einen Teil ihrer Arbeit.

Adresse Avenue Appia / Route des Morillons unter zwei mächtigen Bäumen gegenüber dem Haupttor der WHO | **ÖPNV** Bus 8, Haltestelle Appia | **Tipp** Es ist nicht leicht, bei einem Spaziergang durch das internationale Genf etwas zu essen oder zu trinken zu finden. Da ist es gut, dass es zumindest wochentags das Centre International de Conférences de Genève (CICG) gegenüber dem Palais des Nations gibt (Rue de Varembé 17). Mit einem anständigen Mittagsbuffet (11.30–14 Uhr) und einer schönen Terrasse in der ersten Etage, wo man die beeindruckende architektonische Vielfalt des internationalen Genf direkt vor Augen hat. Für den kleinen Hunger zwischendurch ist die Bar im Erdgeschoss von 7.30–17 Uhr geöffnet.

89 Der Strand von Eaux-Vives

Vom Baby-Strand zum öffentlichen Bade-Paradies

Seit 2019 besitzt Genf einen künstlichen, öffentlichen und kostenlosen Strand mitten in der Stadt, der im Sommer 2020 eröffnet werden soll. Die Anlage im See entspringt der langen Genfer Tradition der urbanen Landgewinnung in der Seebucht – von der Aufschüttung des einstigen Seehafens Molard im 17. Jahrhundert zu Füssen des gleichnamigen Turms bis hin zum Bau der Bains des Pâquis 1874, mit dem die Demokratisierung des Zugangs zum See begann. Dem 2008 begonnenen Projekt waren ein langer politischer Entscheidungsprozess und viele Verhandlungen, vor allem in puncto Umweltschutz, vorausgegangen.

Der öffentliche Strand ist eine komplexe Anlage. Verbunden mit dem einstigen, im Volksmund »Baby-Strand« genannten Strandbad Eaux-Vives, erstreckt er sich bis zum Hafen Port-Noir diagonal in den See hinein. Vier durch Steinschüttungen getrennte Abschnitte münden in eine baumbestandene Allee, die auf Pfählen bis auf die Kaimauer des Hafens führt, auf der sich ein Restaurant befindet. Zwischen der Uferpromenade und dem erweiterten Strand ist ein dreieckiges Becken entstanden, in dem das frisch gepflanzte Röhricht Wasservögel und andere Wassertiere beherbergen soll. Dabei war hier amüsanterweise bis vor etwa 40 Jahren der Glaube an prähistorische Seebewohner weit verbreitet, die sich an den Ufern des Genfer Sees dank Pfahlbauten vor wilden Tieren schützten. Allerdings sprechen neuere Erkenntnisse dagegen. Trotzdem behilft man sich auch im 21. Jahrhundert wieder mit Pfählen am Seeufer. Die Schiffe der Compagnie Générale de Navigation (CGN) haben eine neue Anlegestelle bekommen, da sie an ihrem alten Standort vor der Wasserfontäne den Blick auf die Bucht versperrten. Das Projekt der Umgestaltung der alten Uferpromenaden zu modernen Strandbädern soll auch am linken Seeufer entlang des Quais Wilson fortgeführt werden. In den nächsten zwölf Jahren? Wir werden sehen!

Adresse Quai Gustave-Ador, 1207 Genf | **ÖPNV** Bus 2, 6, Haltestelle Parcs oder Genève-Plage; Wasserbus Mouettes: M3, M4, Anlegestelle Genève-Plage/Port Noir | **Tipp** Der Rosengarten im Park La Grange gleich neben dem Park Eaux-Vives wurde zwischen 1945 und 1947 hauptsächlich von arbeitslosen Soldaten angelegt. Im Sommer finden im Theater der Orangerie und im Verdure-Theater (Scène Ella Fitzgerald) Aufführungen, Konzerte und Ausstellungen statt. Das Theater der Orangerie verfügt dazu über eine Buvette, die neben Getränken auch kleinere Gerichte anbietet (Infos: www.theatreorangerie.ch; Öffnungszeiten des Parks Mo–So 6–22 Uhr).

90 Der Tauredunum in Nyon

563 n. Chr. zerstört ein Tsunami grosse Teile Genfs

Im Jahr 563 n.Ch. löste sich vom Gipfel des »La Suche« in den Savoyer Alpen über der Mündung der Rhône in den Genfer See ein roter Fels und riss eine Lawine von 250 Millionen Kubikmetern Geröll mit sich. Innerhalb von Minuten veränderte sich die Landschaft des Rhône-Tals grundlegend, und auf dem Boden des Genfer Sees lagerte sich eine sieben Meter hohe Gesteinsschicht ab.

Die Lawine löste einen Tsunami aus, der unter dem Namen der Festung »Tauredunum« in die Annalen einging. Er überschwemmte das 70 Kilometer entfernte Genf mit mehreren Flutwellen aus Wasser, Schlamm, Geröll, mitgeschleppten Häusern, toten Menschen und Tieren. Die Flutwellen stiegen bis auf acht Meter Höhe und setzten Genf entlang der Rhône und Arve unter Wasser. Nur der heutige Altstadthügel blieb verschont.

All das ist bezeugt und wissenschaftlich nachgewiesen. In Genf aber findet sich davon nichts. »Zumindest haben wir bisher noch keine Spuren gefunden«, sagt die See-Geologin Stéphanie Girardclos von der Uni Genf, die gemeinsam mit ihrer deutschen Doktorandin Katrina Kremer im Jahr 2010 im Rahmen ihrer Untersuchungen des Seegrundes mit Hilfe der neuen Methode der Paleo-Seismografie die Geröllmassen aus dem Jahre 563 ausfindig machte. Seitdem hat die geophysikalische Erforschung des Tauredunum an Fahrt aufgenommen. »In Nyon ist der Forschungsstand schön dokumentiert«, empfiehlt Stéphanie Girardclos. Ein guter Tipp. Der 15-Minuten-Tripp ins wunderschöne Städtchen Nyon im Kanton Waadt ist einen Ausflug wert. Und das dortige Musée du Léman (Genfer-See-Museum) erst recht. Denn hier ist dem Tauredunum eine museumspädagogisch perfekt inszenierte halbe Etage gewidmet, die kaum Fragen offen lässt.

Und Genf? Genf sucht weiter nach den Spuren des Tauredunum – und weiss zugleich: Der nächste Tsunami, der die Stadt überschwemmt, ist nur eine Frage der Zeit. Nicht zuletzt in Zeiten des Klimawandels.

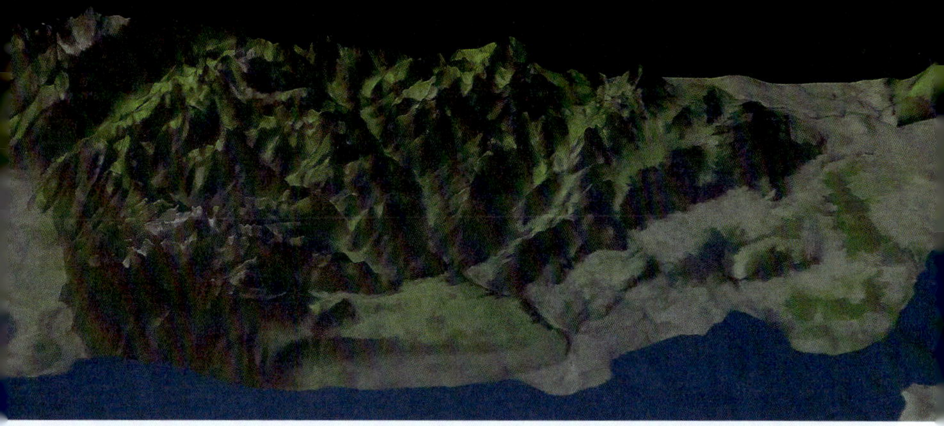

Adresse Quai Louis-Bonnard 8, 1260 Nyon | ÖPNV Ab dem Hauptbahnhof Cornavin fährt alle 15 Minuten ein Zug nach Nyon. Fahrtzeit 14 Minuten. Die 10-minütige Wegstrecke zum Genfer-See-Museum (Musée du Léman) geht durch die schöne Innenstadt zum See. | Öffnungszeiten Di–So 10–17 Uhr (Nov.–März 14–17 Uhr); Eintrittspreis 8 CHF | Tipp Um Genf von der Seeseite aus zu entdecken, lohnt sich die Rückreise auf dem Raddampfer der CGN, der jeden Sonntag um 13.40 Uhr wenige Meter vom Musée du Léman ablegt.

91 Teilchenbeschleuniger

Genf ausserhalb von Raum und Zeit

Ein Ort ist erst dann ein Ort, wenn wir ihn dazu machen. Das Centre Européen de la Recherche Nucléaire (CERN) ist so ein Ort. Es gibt ihn nur, weil sich die globale Wissenschaftspolitik darauf einigte.

Im Niemandsland zwischen Genf und Frankreich aber ist am CERN alles räumlich weniger scharf voneinander abgegrenzt als woanders. Das macht gar nichts, findet man hier, die Welt sei in ihren Beziehungen eben unscharf. Zumindest ballt sich über dem CERN-Teilchenbeschleuniger zwischen den Laboren unsere ganze Zivilisation wie im Heimatmuseum: Krankenhaus, Feuerwehr, Hotels, Zollstation, Autotunnel, zwei Restaurants. Dazu der Blick auf den Mont Blanc und ein Zaun drum herum. Alles ist da. Und aus Quantenphysikersicht gleichzeitig woanders.

Auf dem Gelände des CERN arbeiten 5.000 Physiker, Ingenieure und Verwalter zwischen Maschinen und Schafen mit ihren bis zu 17.000 Forscherkollegen aus aller Welt in einer ziemlich rostigen Barackenlandschaft zusammen. Und man fragt sich: Wie kann das sein? Der Urknall, die Zukunft, Zeit, Raum, unser Sein und Nichtsein, die Unschärferelation: All das wird in diesen wellblechernen Flachdachbüros unter die Lupe genommen?

Der Physiker Simon R., der teilweise hier, teilweise in Hamburg bei Desy forscht, findet das nicht verwunderlich. Auch uns Menschen dürfe es im Spiel von Materie und Antimaterie wissenschaftlich gesehen so gar nicht geben, findet er: Zugleich Teilchen und Wellen, seien wir alle doch kaum noch körperlich im Raum zu verorten. Und ausserdem gehe das Geld, das die Weltgemeinschaft im CERN investiere, nun einmal in die Beschleunigung der Wasserstoffprotonen unter der Erde statt in Komfort. Dort unten aber sei nun wirklich das Ende der Welt und ihr Anfang; absolute Ausdehnung und Verdichtung in einem einzigen Moment. Obwohl, nein, nicht in einem Moment. Den gibt es, so gesehen, ja auch nicht.

Adresse CERN, Esplanade des Particules 1, 1211 Meyrin | ÖPNV Tram 18, Endhaltestelle CERN | Öffnungszeiten kostenlose Führungen für Gruppen (12–48 Personen) Mo–Sa um 9 und 14 Uhr in Englisch und Französisch, auf Anfrage auch in Deutsch | Tipp Die Ausstellungskugel gegenüber dem Haupteingang des CERN, der öffentliche »Globe of Science and Innovation«, ist ein Technikmuseum für Jung und Alt (Mo–Sa 8.30–17.45 Uhr). Zurzeit entsteht ein neues Besucherzentrum, das in Zukunft als Brücke den »Globe« und den Haupteingang des CERN verbinden wird.

92 Der Temple de Saint-Gervais

Urahne des rechten Ufers

Die Kirche Saint-Gervais ist ein erstaunliches historisches Palimpsest, das ganz unterschiedlichen Religionen als spiritueller Ort diente: Bei Ausgrabungen wurde eine jungsteinzeitliche, etwa 6.000 Jahre alte Kultstätte entdeckt – die älteste anthropogene Fundstätte auf Genfer Boden. Reste keltischer und römischer Bauten und eine Kultstätte aus dem 1. Jahrhundert n. Chr. liegen darüber. Im 5. Jahrhundert wurde auf diese Schichten eine romanische Kirche gebaut, deren gut erhaltene Krypta besichtigt werden kann.

Die Kirche in ihrem heutigen Zustand wurde zwischen 1430 und 1446 gebaut und später durch einen überwiegend romanischen Glockenturm erweitert. Von aussen mutet sie südeuropäisch an, vermutlich weil Maurer aus dem Piemont am Bau beteiligt waren. 1535 wurde Genf protestantisch, die Kirche reformiert. Im Innenraum befinden sich Elemente verschiedener Epochen und Glaubensrichtungen, darunter Wandmalereien und Fresken, die bei der Restauration Ende des 20. Jahrhunderts zutage kamen, aber auch Figurinen aus der Renaissance. Das alte, reich verzierte Mobiliar, vor allem das Chorgestühl, stammt zum Teil aus anderen, nach der Reformation nicht mehr genutzten Kirchen. Nicht zuletzt wegen der Kirchenfenster von Géo Fustier und de Bodjol aus dem 20. Jahrhundert steht die Kirche heute für die ganze Vielfalt der Genfer Historie: Von den jungsteinzeitlichen Ausgrabungen bis zu den modernen Kirchenfenstern drängen sich hier 6.000 Jahre Geschichte auf engstem Raum!

Als ungewöhnliche Elemente kamen 1826 eine Reihe von Metalleimern vor der Kirche hinzu, die in den Genfer Farben Gelb und Rot über einem Brunnen hängen. In dem eng bebauten Viertel hatte man stets Angst vor Feuersbrünsten, und so hatte jeder Anwohner die Pflicht, einen dieser Eimer fürs Gemeinwohl zu erstehen.

Adresse Rue des Terreaux-du-Temple 12, 1201 Genf | **ÖPNV** Tram 15, Bus 1, Haltestelle Goulart | **Öffnungszeiten** Die Ausgrabungsstätten können auf Anfrage besucht werden; die Kirche ist zu den Gottesdienstzeiten, während Konzerten und bei Veranstaltungen geöffnet. Informationen unter espace-saint-gervais.epg.ch. | **Tipp** Die Epicerie Lyzamir, Rue des Corps-Saints 3, ist eine ungeheuer reichhaltige und duftende Gewürzhandlung, wie es sie heute kaum noch gibt (Öffnungszeiten: Mo–Sa 9–18 Uhr, Fr 9.30–19 Uhr).

93 Am Theatermuseum Muzoo

Genfs Off-Szene an der Arve goes future

Über die schmucke Wilsdorf-Brücke hinüber zum ungepflegten Uferweg jenseits der Arve verliert sich der urbane Charakter Genfs schlagartig zwischen riesigen Industriehallen und Sportstadien. Der Chemin de la Gravière mit seinem Théâtre du Loup in der Holzscheune gegenüber dem »Parfümerie-Turm« lässt an einem Wochentag nicht erahnen, dass hier nachts und vor allem am Wochenende die Post abgeht.

Über die letzten drei Jahrzehnte hat sich das »Théâtre du Loup«, das neben Zirkus und Maskentheater genauso selbstverständlich Racine- und Shakespeare-Adaptionen im Repertoire hat, zum wichtigsten Standort der freien Szene entwickelt. Und seit Anfang 2019 ist klar: Diese Szenerie wird nicht angetastet – selbst wenn sich das Umfeld jetzt radikal verändert.

Denn das Wolfstheater mit seinen Gast-Ensembles und den zwölf eigenen Inszenierungen jährlich, dazu die drei Theater in der Parfümerie mit ihren legendären Sommerfesten bis in die frühen Vormittagsstunden sowie der vor sieben Jahren hinzugekommene, angesagte Club La Gravière sind als gemeinsamer Off-Standort im Genfer Musik- und Theaterleben fest etabliert. Und so wird diese Kulturszene nun in das neu entstehende Wohn- und Geschäftsviertel rund um den Bahnhof Lancy-Pont-Rouge integriert. Bis spätestens 2030 realisiert Genf hier auf 230 Hektar das städtebauliche Grossprojekt PAV (Praille-Acacias-Vernets) für rund 60.000 Arbeitsplätze und 12.000 Wohnungen.

Die Kulturszene am Arve-Ufer könnte also bald wider Willen das Ferment für die Gentrifizierung dieses innenstadtnahen Aussenbezirks werden. Noch aber gilt sie eher als ein Geheimtipp, obwohl sie auch kulturpädagogisch längst eine feste Grösse darstellt: Das Théâtre du Loup führt im Nebengebäude eine Theaterschule für 7- bis 15-Jährige.

Adresse Chemin de la Gravière 10, 1227 Les Acacias, Genf | ÖPNV Bus 11, Haltestelle Queue-d'Arve | Öffnungszeiten Eine Stunde vor Beginn der Aufführungen im Wolfstheater oder der Parfümerie. Der Club La Gravière mit Live-Musik oder DJ hat normalerweise Mi–So ab 23 Uhr geöffnet. | Tipp Während der Queue-d'Arve tagsüber eher Tristesse ausstrahlt, findet man – nach einem kleinen Fussmarsch entlang der Arve und über die Wilsdorf-Brücke in Plainpalais sofort viele nette Cafés und Restaurants. Zu empfehlen ist Genfs kleinstes chinesisches Restaurant Le Thé in der Rue des Bains 65, im Eckgebäude zum Boulevard de Saint-Georges.

94 Tod im Nobelhotel

Die Traditionen des Hôtel Beau-Rivage

Sisi stiess am 10. September 1898 in Zimmer 119 ihren letzten königlichen Hauch aus. Im Herbst 1918 unterschrieb in der Suite 212 der Philosoph Tomáš Garrigue Masaryk die Gründungsurkunde der Tschechoslowakei. Und Eleanor Roosevelt entwarf hier 1948 die Allgemeine Erklärung der Menschenrechte. Ja, das friedliebende Hotel am Genfer See trägt zu Recht sein schützendes ^ überm o! Und so schrieb ihm UNO-Chef Kofi Annan ins Gästebuch: »Talleyrand sagte einst, es gebe fünf Kontinente – und ausserdem Genf. In Genf wiederum gibt es die grosse Hotellerie – und das Hôtel Beau-Rivage.« Wen interessiert da im Reigen der Grossen, die hier wohnten und zu denen heute auch die saudi-arabische Königsfamilie gehört, ein Uwe Barschel?!

Statt von Barschel sollte man lieber von der grandiosen Mischung aus Stil, technischem Raffinement und Küchenkunst im Beau-Rivage parlieren. Aber auch dies sei geschenkt. Das BR, letztes Genfer Luxushotel in Familienhand, ist zugegebenermassen einfach cool. Und Jacques Mayer, Chef in elfter Generation aus einer Neckarremser Hoteldynastie, ist so gelassen, wie man nur sein kann, wenn der Parvenü jwd wohnt. 1865 bauten sein Ur-Ur-Grossvater Jean-Jacques und dessen Ehefrau Albertine Mayer dieses Palace-Hotel am See – als erstes grosses Gebäude hier überhaupt. Endlich fand die junge europäische Grossbourgeoisie für den frühen Alpentourismus eine angemessene Bleibe – so feudal wie die Paläste der Aristokratie, nur sauberer und moderner.

Und am 11. Oktober 1987 fand übrigens Uwe Barschel, mediokrer Ministerpräsident eines Ländchens südlich von Dänemark, in Zimmer 317 in der Badewanne – wie einst Jean Paul Marat – den Tod. Doch statt eines grossen David-Gemäldes war ihm nur ein »Stern«-Illustriertenfoto vergönnt. War es Mord oder Selbstmord? Wer weiss. Das Hôtel Beau-Rivage hingegen wird selbst noch den nächsten Tsunami auf dem Genfer See überstehen.

Adresse Hôtel Beau-Rivage, Quai du Mont-Blanc 13, 1201 Genf | **ÖPNV** Bus 6, 8, 9, 25, Haltestelle Mont-Blanc, dort gleich links am See in den Quai du Mont-Blanc | **Öffnungszeiten** Führungen für Gruppen und Vereine auf Anfrage | **Tipp** Am 9. November 1991 besuchte auch der Dramatiker und Menschenrechtler Václav Havel als letzter Staatspräsident der Tschechoslowakei die Suite 212 im Beau-Rivage. Ihm zu Ehren wurde später, am 16. November 2018, direkt auf der Place des Alpes das Kunstwerk »Havels Platz oder Demokratie durch Dialog« aufgestellt. Man findet es nur wenige Meter vom Hotel entfernt hinter dem Brunswick-Denkmal.

95 Über den Gleisen

Ein neues Quartier im Zentrum Saint-Jeans

Wie diese städtische Zone aussah, bevor die Gleise zum zentralen Bahnhof Cornavin hin überbaut wurden, ist heute kaum mehr vorstellbar. Tief unten in einer Schneise ratterten Güterzüge, Flughafenshuttles, Schnellzüge und liessen die umstehenden Häuser erzittern. Das Quartier war durch die Bahn in zwei ungleiche Teile geteilt: hier Saint-Jean, mit dem zur Rhône hinunter abbrechenden Steilhang und seinen wunderbaren Blicken über Stadt und Berge, da die geschäftigen Strassen Charmilles. Durch die Überbauung aber, die sich zwischen dem Pont des Délices und der Rue Gallatin auf knapp einem Kilometer erstreckt und zum integralen Bestandteil des urbanen Lebens wurde, sind die beiden Stadtteile zusammengewachsen.

Zuerst sollten auf der 5500 Quadratmeter grossen Betonplatte Büros entstehen. Aber der Genfer Architekt Wojciech Mucha hatte in Frankreich Erfahrung mit kooperativem Wohnungsbau gesammelt und konnte sich mit der Idee einer Gartenstadt für Künstler und Handwerker mitsamt Gemeinschaftsräumen nach einem baugenossenschaftlichen Prinzip durchsetzen. Die Stadt, ihre Bevölkerung und die Banque Cantonale, die einen Baukredit gewährte, stimmten dem visionären Projekt zu. 1996 war es so weit: Die Pläne sahen fünf Module mit insgesamt 105 Ateliers und Werkstätten vor. Eine Stadtteilbibliothek und ein Maison de Quartier, ein Kindertheater, ein Tanz- und ein Tai-Chi-Raum wurden eingerichtet. Sehr beliebt sind die schön gestalteten Spielplätze und das knietiefe Wasserbecken, das im Sommer unzählige Kinder und Eltern anlockt, umgeben von Salat- und Kräutergärten. Die Coopérative du Renouveau de Saint-Jean, als federführende Genossenschaft, ist immer noch engagierte Verwalterin des Sozialprojekts. Man kann sich dessen bei einem Spaziergang selbst versichern: Das Projekt eines einzigartigen urbanen, auf die Gemeinschaft hin ausgerichteten Ambientes ist geglückt!

Adresse Entlang der Avenue des Tilleuls vom Pont des Délices bis zur Avenue De-Gallatin, 1203 Genf | ÖPNV Bus 7, 9, 11, Haltestelle Délices | Tipp Einmal im Jahr gibt es hier das Stadtteilfest »La ville est à vous«. Dann sieht man erst, wie multikulturell das Quartier ist! Termine unter ville-ge.ch/lavilleestavous. Und wenn man Auskunft über die aktuelle Atelierbesetzung bekommen möchte, hier sind alle 105 Nutzer gelistet: coop-st-jean.ch.

96 Ein UFO in Genf

Der medizinische Bereitschaftsdienst Cornavin

Immer wieder haben wir Gäste, die zum ersten Mal in die Stadt kommen. Vom Bahnhof aus begleite ich sie hinauf nach Saint-Jean und verpasse es dabei so gut wie nie, an diesem kleinen, kuriosen Bauwerk vorbei zu schlendern. Das Genfer UFO, die Soucoupe Volante (fliegende Untertasse) oder Cyber Araignée (Cyber-Spinne): Das auffällige Gebäude hat allerlei Namen. Aber wozu dient es?

Der 1936 in Biel geborene Schweizer Pascal Häusermann, seine Frau, die Architektin Claude Costy, und die französischen Architekten Annti Lovag und Jean-Louis Chanéac formierten im Jahr 1971 die Gruppe Habitat évolutif (etwa: Der sich entwickelnde Lebensraum). Sie experimentierten mit Fertigbauteilen und erschufen daraus biomorphe Räume mit integriertem, sich an die Gebäudekurven anschmiegendem Mobiliar. Im Dorf Douvaine, in der Haute-Savoie am südlichen Genfer See, durfte die Gruppe auf einem Grundstück einige Jahre lang frei experimentieren: Das amorphe Gebäude-Ensemble, seit 2003 unter Denkmalschutz, ist absolut sehenswert, auch wenn die 250 Wohnbauten, die von den Bewohnern selbst gestaltet werden sollten, nie gebaut wurden.

Auf Eisenfüssen, überzogen mit Spritzbeton, steht das ebenfalls 1971 aus eingefärbtem Polyester geformte Centre Médico-Chirurgical de Cornavin, eng eingepasst zwischen zwei Häuser aus dem 19. Jahrhundert. Der Grundriss, wenn auch weniger organisch als die Maisons Bulles, die kugelförmigen Häuser, weist, von einem umlaufenden Flur aus, 16 zentral ausgerichtete und einzeln beleuchtete Ausbuchtungen auf, die als Behandlungsräume dienten. Im Zentrum lag der grosse medizinische Behandlungssaal mit Oberlicht. Heute ist die Struktur zwar erhalten, die Räume aber haben Patina angesetzt und sind eher funktional als museal. Alle Interessierten dürfen es wagen, an der Rezeption freundlich um einen kleinen Rundgang zu bitten, der, eventuell und in Begleitung, ermöglicht wird.

Adresse Rue du Jura 1–3, 1203 Genf | ÖPNV Bus 6, 7, 9, 10, 19, Haltestelle Gare Cornavin | Öffnungszeiten nur von aussen zu besichtigen, medizinische Sprechzeiten Mo–Fr 7.30–20 Uhr, Sa 8–20 Uhr, So 10–20 Uhr | Tipp Um die Ecke, in der Rue de la Servette 3, findet man DIG it, einen der letzten Schallplattenläden Genfs, mit seinen wunderbaren Vinyls verschiedener Musikrichtungen des ausgehenden 20. und angehenden 21. Jahrhunderts (www.digitrecords.ch).

97_Unterm zerborstenen Stuhl

Der Platz der Nationen tanzt seine Demos

Eine Routineangelegenheit: Jeden Monat genehmigt das Ministerium für Sicherheit, Arbeit und Gesundheit der Republik Genf rund 30 Demonstrationsanträge für den Platz der Nationen. Nur im Winter sinkt die Zahl. Nirgendwo auf der Welt wird wohl so viel demonstriert wie auf dem Platz der Nationen: Mal sind es Tausende, mal ist es nur eine Handvoll. Initiativen aus allen Ländern stehen hier bei jeder Witterung, das Publikum ist eher zufällig. Sie kommen, um auf Unrecht aufmerksam zu machen: Kamerun, China, Saudi-Arabien, Venezuela. Oft sind die Demonstrationen ein Spiegel dessen, was im Palais gerade in einer der jährlich rund 8.000 Treffen oder 600 Konferenzen verhandelt wird – oder welcher Staatschef an diesem Tage zu Gast ist.

Doch nicht nur deshalb ist unter dem 16 Meter hohen zerborstenen Stuhl, der seit 1997 an die Opfer der Landminen erinnert, zu Sonnen- wie Regenstunden täglich die ganze Welt zu Gast, um fröhlich zwischen den auf- und abtanzenden Springbrunnen zu posen, zu lächeln und selbst hindurch zu tanzen. Das Stuhlmonument Daniel Bersets mag vielen längst als Symbol der Machtlosigkeit der Vereinten Nationen gelten. Doch wenn man einen Ort erleben will, an dem der Glaube an die UNO und das Ideal eines menschenfreundlichen Universalismus erfahrbar wird, dann ist es dieser Platz vor dem hohen Gitter der Vereinten Nationen.

Und dabei sollten, sagt das Gerücht, die 84 Springbrunnen, die stellvertretend für die 84 UN-Organisationen mit Hauptsitz in Genf sprudeln, eigentlich dafür sorgen, dass sich die Kundgebungen vom Platz der Nationen zurückziehen, um der zuständigen Genfer Behörde, die nicht gerade den Ruf der Kooperationsbereitschaft hat, ihre lästige Arbeit zu ersparen. Doch das Gegenteil ist der Fall. Und so werden die tanzenden Brunnen während der Demos inzwischen runtergedreht, und der Anmeldereigen dreht sich munter weiter.

Adresse Place des Nations, 1204 Genf (direkt vor dem Haupttor zum UNO-Palais. Der Besuchereingang Porte de Pregny hingegen liegt links am UNO-Gelände vorbei, rund 500 Meter weiter oben an der Avenue de la Paix) | **ÖPNV** Bus 5, 8, 11, Haltestelle Nations | **Tipp** Treten Sie ruhig näher an das Haupttor des Palais des Nations heran. Vielleicht finden Sie dann ja – neben Hans Ernis Relief – auch die ziemlich versteckte Gedenktafel für Eleanor Roosevelt und René Cassin, die beiden Vorsitzenden der Menschenrechtskommission, die 1948 die universale Erklärung der Menschenrechte durchsetzten. Es war, schreibt ihr Redakteur Stéphane Hessel (der Autor von »Empört euch!«) »einer der bewegendsten Augenblicke meines Lebens«.

98 Das UNO-Fahnenspalier

Von den Fallen des Multilateralismus

Zu den goldenen Regeln der Genfer Diplomatie gehört es, eigene Erfolge kleinzureden. Oder sie zu verhindern. Denn der Multilateralismus der UNO ist nur über einen perfekten Interessensausgleich zwischen den 193 Mitgliedsstaaten zu realisieren. Was die Anordnung der 193 Fahnen vor der UNO am Place des Nations angeht, funktioniert dies qua Losverfahren. Mit jedem Wechsel an der UN-Spitze wird die Abfolge der Fahnen so neu bestimmt. Wer neben wem steht, entscheidet der Zufall; herausgehoben wird niemand.

In zwei lesenswerten Romanen über die UNO und das internationale Genf wird diese so schöne wie tragische Botschafterpflicht zum Interessensausgleich immer wieder ad absurdum geführt. Albert Cohens Völkerbund-Roman »Die Schöne des Herren« (1968) und Nora Bossongs »Schutzzone« (2019) zeigen eine Welt, in der der Traum vom Multilateralismus sich zwischen politischen Widersprüchen und persönlichen Begehren aufreibt: »Es gab das Plus jamais ça, Never again, Nie wieder, aus dem heraus die UNO gegründet worden war, aber es verhinderte nicht, dass es wieder geschah, die Morde, Massaker, Genozide« (Bossong).

Ich habe es selbst erlebt: In einem der rund 180 nüchternen Genfer Missionstrakte bei den Vereinten Nationen – von Afghanistan (Avenue de France 23) bis Zimbabwe (Chemin William-Barbey) – hebt der Botschafter abwehrend beide Hände. Soeben hatte er seinen US-Kollegen am Telefon: »Meine Stimme für den Kommissionsvorsitz haben Sie, Herr Kollege.« Eine Katastrophe: Selbst die Wahl zu verlieren, kann nun nicht mehr die Option sein.

Entscheidungen wie diese aber fallen nicht in den Kommissionen, sondern in den feudalen Botschafter-Residenzen beim informellen Diplomatenfrühstück. Oder vielleicht im Palais des Nations, wo sich hinter dem bunten Fahnenmeer in einigen wenigen Repräsentationsräumen doch noch ein bisschen Ungleichheit auftut.

Adresse Palais des Nations, Avenue de la Paix 8–14, 1211 Genf (Eingang Route de Pregny) | **ÖPNV** Bus 8, 20,22, 28, F, Haltestelle Appia | **Öffnungszeiten** Ab 2020 erwartet die UNO Genf, kurz UNOG, eine kleine Revolution: Die Möglichkeit der Anmeldung per Internet. Bis dahin gilt weiter: Wer zuerst kommt, mahlt zuerst. Mo–Fr 10–12 und 14–16 Uhr. Personalausweis nicht vergessen! | **Tipp** Das John Knox Centre International Reformé im Chemin des Crêts-de-Pregny 27 gehörte einst zur US-presbyterianischen Kirche, heute zum Reformierten Weltbund, der sich auf Calvin bezieht. Das Zentrum ist eine weiträumige Anlage in schönster Umgebung hoch oben über dem internationalen Genf und umgeben von Botschaften. Mo–Fr ist das Restaurant mit Mensa-Ambiente von 12–13.30 und 18.30–19.30 Uhr geöffnet. Eher als Tagungshaus konzipiert, sind auch Individualübernachtungen zu moderaten Preisen möglich.

99_Die Vessy-Brücke

Stahlbetonklassik über der Arve

Am Ursprung der schönen Pont de Vessy standen schnöde Kapitalinteressen. Die Eigentümer grosser Grundstücke im Arve-Bogen unter dem Plateau von Vessy gedachten im Jahr 1934 den Wert ihrer Liegenschaften zu steigern. Das Mittel zum Zweck: eine Brücke hinüber zum wohlhabenden Stadtteil Champel. Selbst die Gemeinde Veyrier an der französischen Grenze sollte davon noch profitieren.

Gesagt, getan: Mit der Umsetzung wurde der 62-jährige Bauingenieur Robert Maillart betraut, damals längst weltbekannt durch seine Stahlbetonkonstruktionen, also jenen Baustoff, der auch dank Maillart Anfang des 20. Jahrhunderts die Architektur revolutionierte. Seine erste Betonbrücke baute er 1901 in Zuoz, Graubünden. Daneben schuf der Stahlbeton-Pionier Bauwerke mit sogenannten »unterzugslosen Pilzdecken«, für die er 1908 das Patent erwarb. Sie verschafften seiner Baufirma Aufträge in Jugoslawien, Sri Lanka und Russland, wo er allerdings 1917 von der Revolution überrascht wurde, was seine Firma in der Schweizer Heimat in den Ruin trieb.

Die Genfer Wahl fiel auf Maillart jedoch nicht nur wegen seiner technischen Kompetenzen, sondern auch wegen seiner ästhetischen Gestaltungskraft, die er unter anderem mit der Salginatobelbrücke in Graubünden bewies. Dank des neuen Materials »etwas Schönes zu schaffen« war sein Anspruch; in diesem Sinne gilt die Pont de Vessy heute als eines seiner bedeutendsten Spätwerke und ist längst Teil der Landschaft geworden, sodass selbst wir ihr manchmal beim Spaziergang über die Arve nicht die angemessene Aufmerksamkeit schenken. In Genf blieb sie Maillarts einziges realisiertes Bauwerk. Er unterstützte jedoch auch aktiv die Umgestaltung des rechten Rhône-Ufers entlang des Quai Turrettini durch Maurice Braillard. Hier kann man heute dank der beiden Genfer Bau-Giganten auf Treppenstufen mit Blick auf den Fluss entspannen und picknicken.

Adresse Route de Vessy, 1206 Genf | **ÖPNV** Bus 11, 21, Haltestelle Bout-du-Monde | **Tipp** Spazieren Sie das rechte Flussufer der Arve entlang und dann unter dem Brückentunnel der CEVA, dessen südliches Portal sich in der Felswand von Val d'Arve befindet, weiter nach Carouge. Die kleine Wanderung dauert etwa 45 Minuten.

100_Auf dem Viadukt

Über dem Zusammenfluss von Rhône und Arve

Der Zusammenlauf zweier Flüsse gilt gern als heilvoll, somit oft auch als Pilgerziel. Genfs 218 Meter lange Eisenbahnbrücke über dem Zusammenfluss von Rhône und Arve hingegen bleibt selbst nach ihrer Renovierung von 2017 noch ein Geheimtipp. Dabei kann man ihre Wirkung auf das Gemüt gar nicht hoch genug schätzen.

Denn wer den »Pfad des einsamen Spaziergängers« zur Brücke erst ausgemacht hat, dem stockt der Atem. So nah die Stadt hier ist, rückt sie vor dem wuchtigen Horizont des Voirons-Massivs doch in die Ferne eines Landschaftsgemäldes. Aus der Landzunge zwischen Arve und Rhône entfaltet sich das Bild einer Stadt, das kunstvoller kaum sein könnte. Die Bildmitte zeigt die beiden mächtigen Türme der Kathedrale Sankt Peter, die am Nationalfeiertag mit wehenden Landesfahnen vom säkularen Zeitalter künden. Linker Hand, hinter den mächtigen Felsen von Saint-Jean, das Wahrzeichen der Stadt: die glitzernde Wasserfontäne des Jet d'Eau. Und am rechten Bildrand, im Grün des Stadtwalds gerade noch sichtbar: der Tower des öffentlich-rechtlichen Medienimperiums SRF.

Da darf selbst das *Trompe-l'œil* nicht fehlen: Der allgegenwärtige See ist verschwunden; Genf kommt hier endlich ganz zu sich selbst. Zu Füssen des einsamen Spaziergängers auf der Eisenbahnbrücke aber spielt sich ein unablässiges Naturschauspiel ab, das ihn in einen gefährlichen Bann zieht. Denn während die Wasser der Rhône sich im *Lac Léman* elf Jahre lang einer gründlichen Reinigung unterziehen, bevor sie zum Mittelmeer strömen, trägt die Arve ungefiltert das Geröll von den Gletschern des Mont Blanc in die Stadt – und in seinem Gefolge seit Jahrhunderten Forellenfischer, Goldwäscher und Glücksritter aller Couleur. So wird die Vereinigung der blaugrünen Rhône mit den türkisgrauen Strudeln der Arve für den Betrachter auf 25 Meter Höhe zu einem Sog, dem zu widerstehen nicht leichtfällt.

Adresse Viaduc de la Jonction, Chemin William-Lescaze 29, 1203 Genf | ÖPNV Bus 7, 9, Haltestelle Jean-Jacques | Tipp Am Ende der Brücke und 200 Meter die vier Windungen zum Stadtwald hinauf, findet man sommers wie winters täglich 9–18.30 Uhr das Café de la Tour geöffnet. Hier treffen sich die Rentner jeden Alters mit ihren freilaufenden Hunden unter den Bäumen zur täglichen Lösung der Weltlage. Die Spatzen picken vom gedeckten Apfelkuchen und ab 11.30 Uhr ist anzuleinen.

101 Die Villa Plantamour

Park-Juwelen am See-Ufer: das Beispiel Mon-Repos

1898 vermachte der Genfer Chemieprofessor Philippe Plantamour, reich geworden durch sein Verfahren zur Vergoldung von Uhr-Zahnrädern, seine im Park Mon-Repos gelegene Villa der Stadt Genf. Dadurch wurde sein Gelände am Seeufer der Öffentlichkeit zugänglich. Andere reiche Philanthropen folgten seinem Beispiel, wovon die öffentlichen Grünanlagen in der Nachbarschaft und auch die phantastischen Parks am linken Seeufer zeugen. Allerdings machte Plantamour der Stadt die Auflage, seine Villa niemals als Café, Restaurant oder Spielcasino zu nutzen. Standesdünkel oder weise Voraussicht?

Die Villa, heute im Besitz des Henri-Dunant-Instituts, kann nämlich heute fast als ein Pars pro toto der Genfer Institutsgeschichte angesehen werden. Um 1815 hatte der Bankier Henri Hentsch, der Napoleon und Germaine de Staël zu seinen Kunden zählte, das Haus erbaut. 1856 erwarb es Plantamour, und baute es aufwendig um. Er legte einen Garten mit seltenen und mediterranen Pflanzen an und ergänzte ihn durch eine Orangerie. So entstand hier in der zweiten Hälfte des 19. Jahrhunderts einer jener landschaftsarchitektonischen Juwele am Seeufer, die Genf heute so nachhaltig prägen.

Während der Garten ab 1898 als öffentlicher Park genutzt wurde, beherbergte die Villa bis 1939 ein ethnologisches Museum, anschliessend eine Akademie für internationale Diplomatie, und fungierte danach als Ort für Wechselausstellungen. 1953 wurde sie in ein Fernsehstudio umgebaut und beherbergte bis 1967 den Sender Suisse Romande.

Endlich, 1974, zog das Henry-Dunant-Institut ein, eine von der Internationalen Rotkreuz- und Rothalbmond-Bewegung gegründete Einrichtung, die 1999 in Zentrum für humanitären Dialog umbenannt wurde, um ihren neutralen Status zu unterstreichen. Die Villa wurde also wahrhaftig nie als Café genutzt, doch wie viele Gläser Sekt mögen bei all den Einweihungsfeierlichkeiten hier wohl aufgetragen worden sein?

Adresse Die offizielle Adresse der Villa ist: Centre Henry Dunant pour le dialogue humanitaire, Rue de Lausanne 114, 1201 Genf. Aber eigentlich liegt die Villa direkt am Quai Wilson, also nahe der Uferpromenade. | **ÖPNV** Bus 1, 25, Haltestelle Perle du Lac; Tram 15, Haltestelle Butini | **Tipp** Gleich neben der Villa Plantamour befindet sich die Villa Moynier, der einstige Wohnsitz von Gustave Moynier, der 1863 Henry Dunant bei der Gründung des Internationalen Komitees der Hilfsgesellschaften für die Verwundetenpflege unterstützt hatte. Daraus ging 1876 das Internationale Komitee vom Roten Kreuz (IKRK) hervor.

102 Voltaires Bibliothek

Die Geburt des universellen Wissens

70.000 Einträge hat die 35-bändige »Encyclopédie ou Dictionnaire raisonnée des sciences, des arts et des métiers« des Herausgeberduos Jean-Baptiste de Rond d'Alembert und Denis Diderot. Doch keiner der geografischen Artikel ist so lang wie derjenige zur Republik Genf. Und eben dieser Artikel hätte das zentrale Werk der europäischen Aufklärung fast zum Scheitern gebracht. Denn die Ratsherren des Stadtstaats Genf fanden den engagierten Lexikoneintrag mit seinen Sticheleien gegen das calvinistische Theaterverbot gar nicht komisch. Und sie wussten allzu gut: Dahinter konnte natürlich nur der unsägliche François-Marie Arouet stecken, allenthalben bekannt unter dem Namen Voltaire. Also intervenierte Genf in Paris. Und wäre da nicht Madame de Pompadour gewesen, die ihre gütige Hand über das Jahrhundertprojekt hielt, vielleicht wäre die erste umfassende Enzyklopädie des gesamten Weltwissens wegen »Genf« eingestampft worden.

Von Paris verstossen und in Potsdam bei Friedrich in Ungnade gefallen, hatte sich der 62-jährige Voltaire damals gerade erst nach Genf umorientiert. Seit 1755 residierte er im Herrenhaus von Saint-Jean (später umgetauft in »Délices«) – ausserhalb der Genfer Festungsmauern zwar, aber nur wenige hundert Meter entfernt vom Stadttor Cornavin. Von dort aus hatte Voltaire nicht nur einen halbwegs freien Blick auf den See. Er konnte in den Sommermonaten 1756 auch ungestört mit D'Alembert die Enzyklopädie vorantreiben, sich nebenbei mit Rousseau streiten und private Theateraufführungen inszenieren. Sein abendliches Publikum setzte sich dabei übrigens aus den gleichen Honoratiorenfamilien zusammen, die ihn tagsüber dafür mit Klagen überzogen. Dazu gehörte namentlich die Genfer Dynastie der Tronchins, die ihm den Landsitz in Saint-Jean besorgt hatte. Heute hingegen hat die grossartige Bibliothek Voltaires leider kaum noch Besucher.

Adresse Musée Voltaire, Rue des Délices 25, 1203 Genf | **ÖPNV** Bus 9, Haltestelle Musée Voltaire | **Öffnungszeiten** Mo–Fr 14–17 Uhr | **Tipp** Die Bronzeskulpturen von zarten jungen Menschen des Genfer Bildhauers Heinz Schwarz, die im Umfeld des Parks Délices zum Beispiel an der Promenade de Saint-Jean oder unterhalb der Rue de l'Encyclopédie am Chemin Galiffe zu finden sind, können heute eigentlich fast nur noch kritisch betrachtet werden.

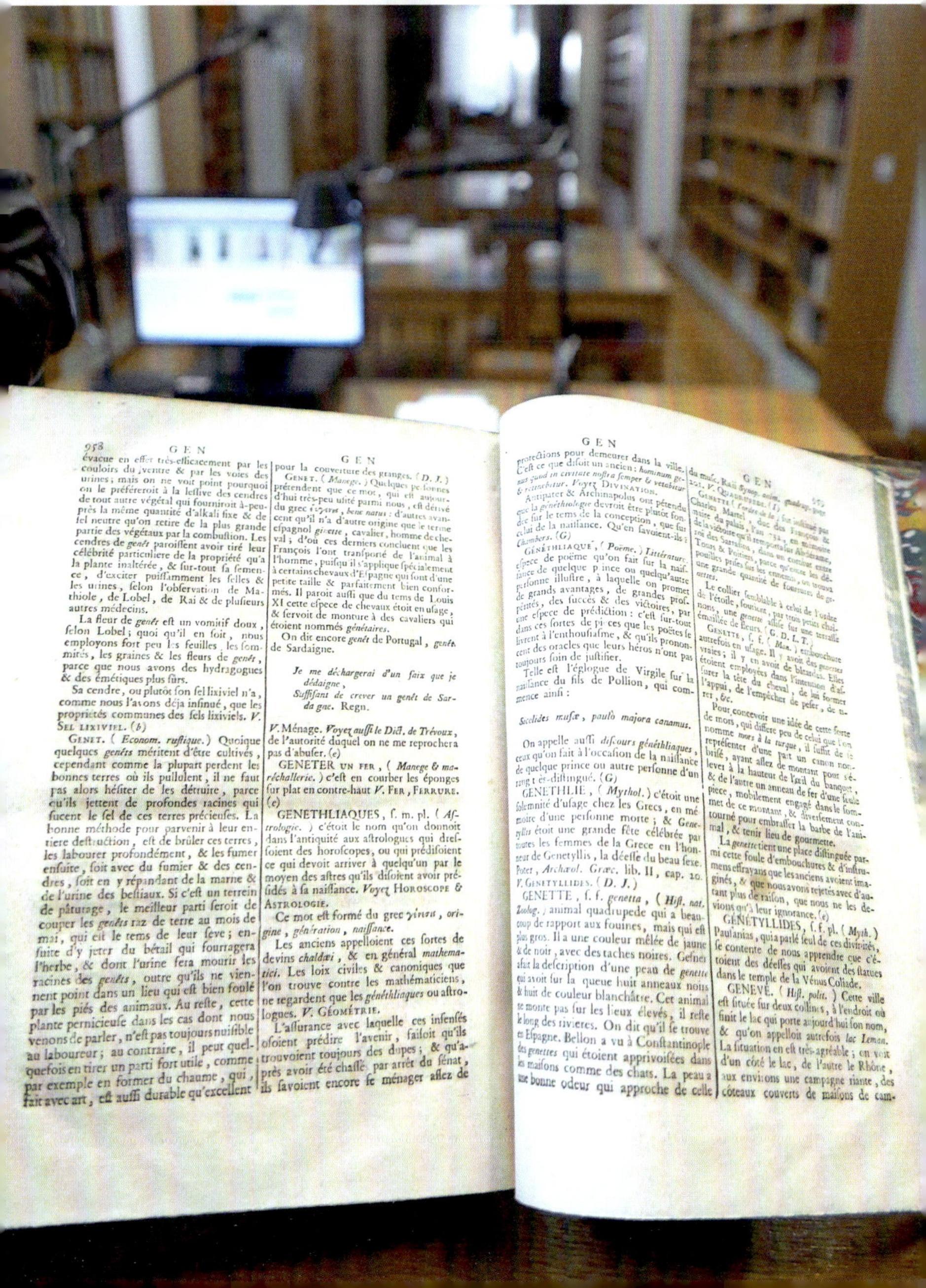

103__Wasserstandsmessung

Was ist ein See? Die Erfindung der Limnologie

Im Park am Quai Wilson, unweit des Centre Henry-Dunant, steht ein kompaktes, gleichwohl elegantes Gebäude, das Unkundige auch mit einem grösseren Trafohäuschen verwechseln könnten. Es ist aber nichts weniger als ein zentraler Ursprungsort des um 1880 noch neuen und hart umkämpften Wissenschaftszweiges der Limnografie, der Messung von Wasserständen. 1877 liess es der Physiker Philippe Plantamour als Messstation bauen. Man findet das unscheinbare Gebäude im Schatten einer Trauerweide, daneben eine windgeschützte Bank. Die 150-jährige Apparatur, die die periodischen Schwankungen des Genfer-See-Niveaus misst, funktioniert noch immer.

Plantamour standen bei den Forschungsarbeiten über den See nicht zuletzt der Arzt François-Alphonse Forel aus dem nahe gelegenen Morges beiseite. Forel hatte sich schon in seiner Jugend für die Überreste einstiger Pfahlbauten in der Umgebung seines Heimatstädtchens interessiert. In Montpellier lernte er dann den autodidaktischen Archäologen und Geologen Dumas kennen, dessen Gesteinssammlung ihn unwiderstehlich zu den damals sogenannten »Naturwissenschaften« hinzog. Er, der von sich behauptete, dass er in seinem eigentlichen Fach, der Medizin, »niemals auch nur ein einziges Rezept ausgestellt« habe, verschrieb sich ganz seinem neuen Wissenschaftszweig, den er die Limnologie nannte und für die er Erkenntnisse aus der Chemie, Physik, Geologie, Biologie, Zoologie, Botanik und Geografie mit heranzog. Sein Beitrag bestand dabei in der Auswertung seiner jahrelangen Beobachtungen in aller Welt, dank derer er die Unterschiede verschiedener Gewässertypen exakt beschreiben konnte. Bekannt aber machten ihn vor allem seine Forschungsarbeiten zum Genfer See, die er zwischen 1892 und 1904 in einem dreibändigen Werk veröffentlichte.

Es war die glorreiche Epoche, in der ein Einzelner noch eine ganze Wissenschaft zu begründen vermochte.

Adresse Am Seeufer unterhalb des Henry-Dunant-Instituts (ehemalige Villa Plantamour), Rue de Lausanne 114, 1201 Genf | **ÖPNV** Bus 1, 25, Haltestelle Perle du Lac; Tram 15, Haltestelle Butini | **Tipp** Der Châteaubriand-Platz auf der anderen Seite der Allee ist mit seinen Boule-Plätzen und seinem Baumbestand besonders lebendig. Dort steht auch das Palais Wilson, Sitz des UNO-Hochkommissars für Menschenrechte.

104 Im Welthandelszentrum

Mit Rohöl und Kaffee auf den Weltmeeren

In den jährlich mit Spannung erwarteten Umfrageergebnissen des »Economist« gehört Genf nicht nur zu den 20 lebenswertesten, sondern auch zu den zehn teuersten Städten der Welt. Hier kaufen die Reichen und Schönen, die mit Emirates im Frühsommer am Flughafen Cointrin landen, ihre Rolex oder Patek Philippe und wandeln dann tief verschleiert über den Quai Mont-Blanc zurück zum Fairmont-Hotel. Genf, das heisst: Banken, Luxusuhren, Schokolade und Haute Couture. So viel zum gängigen Genf-Klischee, das man denn auch bei einem Spaziergang vom Place du Molard zum Place de la Fusterie jederzeit auffrischen kann.

Weniger exponiert, wenngleich nicht direkt im Verborgenen, sitzt am linken Rhône-Ufer aber auch jenes Gewerbe, das zu Genfs Reichtum mindestens genauso viel beigesteuert hat wie der Luxus: der Handel mit Rohstoffen. »Die weltweit führenden Rohstoffkonzerne« wie Vitol, Trafigura oder Mercuria, notiert Thomas Maissen in seiner »Geschichte der Schweiz«, »haben ihren steuergünstigen Firmensitz in Zug und Genf gewählt und sind mit wenig dortigem Personal die umsatzstärksten Unternehmen der Schweiz geworden.« Weder die Finanzkrise, Steuerdebatten und amerikanische Strafzölle noch die Konkurrenzstandorte London und Rotterdam haben dem Genfer Handelsplatz für Rohstoffe den Garaus machen können. Experten gehen von 400 Firmen mit 8.000 Händlern im Grossraum Genf aus: Hier wird rund ein Drittel der weltweit gehandelten Mengen an Rohöl, Getreide, Ölpflanzen und Kaffee vermarket. Mit Niederlassungen in Singapur und Houston lassen diese Firmen – teilweise sogar auf eigenen Tankern und Containerschiffen – die globalen Rohstoffe über die Weltmeere kreuzen; die Spinne im Netz aber ist Genf und hier, wie die Schnellsuche zeigt, zum Beispiel ein Grossraumbüro in der Rue du Rhône 50 in der vierten Etage; schräg über dem eleganten Kaufhaus Globus.

Adresse Rue du Rhône 50, 1201 Genf | ÖPNV Bus 2, 3, 6, 7, 8, 9,10, Haltestelle Métropole | Tipp Scheuen Sie sich nicht, beim Spaziergang durchs Genfer Viertel der Nobelgeschäfte diese auch einmal zu betreten. Erfahrungsgemäss wird Sie niemand daran hindern, am Place du Molard bei Louis Vuitton nicht nur einen interessierten Blick auf Handtaschen und Accessoires zu werfen, sondern dabei auch aus dem Panoramafenster in der zweiten Etage ein Foto über die Rhône hinweg vom Jet d'eau zu machen.

105 Beim Weltkirchenrat

Eine Wunderkammer der Ökumene

Im denkmalgeschützten Kirchenraum unter Sichtbetonwellen atmet der Weltgeist. Wochentags steht die Flügeltür zur Kapelle weit offen, und auch die Sonne findet durch den Fries der Buntglasscheibe Einlass. Hier ist die Ökumene zu Hause, das Gespräch der verschiedenen christlichen Religionen mit Gott und der Konkurrenz.

Zugleich ist der Ort eine Wunderkammer des Christentums. Denn zum Gespräch der im Ökumenischen Rat vereinigten christlichen Kirchen – zu denen die katholische übrigens nicht gehört – bringen die Gäste oft Geschenke mit, die dann hier ihre Bleibe finden. Zum Beispiel eine georgische Skulptur zur Unterstützung der Abrüstungsverhandlungen zwischen Reagan und Gorbatschow; ein Kreuz aus Liberia von ehemaligen Kindersoldaten; Gongs aus Indonesien und Trommeln aus Korea. Am 21. Juni 2018 überreichte Papst Franziskus dem Weltkirchenrat einen Christus mit ausgebreiteten Armen, um irgendwie auch dazuzugehören. Und auf dem Altar der Seitenkapelle steht das Versöhnungskreuz: Zusammengesetzt aus Bombensplittern, die in Dresden und Coventry aufgesammelt wurden, weiss heute in Genf niemand mehr, wer es einst mitbrachte. Nicht zu vergessen: die Orgel der DDR-Mitgliedskirchen, die sich mit dieser Spende 1990 für die langjährige Unterstützung durch die »Konferenz der Europäischen Kirchen« bedankten.

Diese Kirchengemeinschaft, so scheint es, hat bei ihrer weltumspannenden Missionstätigkeit nun doch etwas Umsicht gelernt. 1948 im Norden Europas von alten, weissen Männern gegründet, wurde der Weltkirchenrat schon in den 1960er Jahren langsam bunter und weiblicher: Die Ostkirchen und die Gemeinden vom Pazifik bis zum Indischen Ozean kamen mit ihrer Frauenpower hinzu. Heute ist der ÖRK von der UNO als Nichtregierungsorganisation anerkannt: Seine Mitgliedskirchen haben damit die Möglichkeit, Menschen, denen Unrecht geschehen ist, vor den Vereinten Nationen eine Stimme zu geben.

Adresse Route de Ferney 150, 1218 Le Grand-Saconnex | **ÖPNV** Bus 5, 9, Haltestelle Crêts-de-Morillon | **Öffnungszeiten** Das Ökumenische Zentrum mit seinem sehenswerten Versammlungssaal ist Mo–Fr geöffnet. Während der Arbeitszeiten ist die Kapelle von der Eingangshalle aus zugänglich. Täglich um 8.45 Uhr gibt es eine für alle offene Andacht. Von ausnehmender Freundlichkeit ist die engagierte ÖRK-Sekretärin, die gebürtige Schwäbin Hannelore Schmidt, die vielleicht sogar spontan eine kleine Kirchenführung gewährt. | **Tipp** Der Schlosspark von Grand-Saconnex, nur eine Bushaltestelle weiter, lohnt mit seinem Kirchlein den Abstecher. Schon wegen des in seinem Anachronismus anrührenden Denkmals für die weltweiten Bootsflüchtlinge der Jahre 1975–2005 (sic!).

106 Der Widersacher

Jean-Claude Romand, fünffacher Mörder

Prévessin-Moëns liegt hinter der Schweizer Grenze. In dem französischen Dorf im Pays de Gex erinnert nichts an den fünffachen Mörder Jean-Claude Romand, der am 9. Januar 1993 seine Frau mit dem Nudelholz erschlug und seine beiden Kinder tötete. Dann fuhr er über den Jura und erschoss seine Eltern. Einen Tag später versuchte er in Paris vergeblich, seine Geliebte zu erdrosseln, fuhr zurück, legte sein Haus in Brand und machte einen halbherzigen Selbstmordversuch.

Es gibt in Genf keine Gedenktafel, die an die verbrecherischen Taten Romands erinnert. Auch nicht auf dem Parkplatz der Weltgesundheitsorganisation WHO, für die Romand 18 Jahre lang als hochgestellter Beamter zu arbeiten vorgegeben hatte. 18 Jahre lang hatte er hier sein Auto abgestellt und in und um Genf seine Kreise gezogen. In Ferney-Voltaire, dem nahen französischen Städtchen, schaute er morgens noch kurz bei Luc Ladmiral, dem Hausarzt, oder Jacques Cottin, dem örtlichen Apotheker, vorbei. Dann fuhr er über die Grenze, um als studierter Mediziner, der er nicht war, angeblich seiner verantwortungsvollen Arbeit nachzugehen. Genf – sein Lügengespinst, aus dem sich Romand 1993 mit seinem Gewaltakt zu befreien versuchte.

Wie eine Moritat setzten sich seine Taten im kollektiven Gedächtnis der Menschen fest. Und so nahm die ortloseste aller Künste, die Literatur, sich seiner an. 1999 schrieb Emmanuel Carrére die Geschichte auf. Unter dem Titel »Der Widersacher« begegnen wir Romand heute in Genfs Bahnhofsbuchhandlungen.

Für den fünffachen Mörder ist Genf heute verbotenes Terrain. Seit seiner Haftentlassung 2019 darf Romand das Pays de Gex und die Schweiz nicht mehr betreten. Der im Gefängnis zum Katholizismus Konvertierte lebt im Kloster Fontgombault bei Poitiers. Auch ein Vierteljahrhundert nach seiner Untat kann und will im Raum Genf niemand seine Anwesenheit ertragen.

Adresse Der typisch französische Dorfplatz von Prévessin-Moëns liegt direkt hinter dem Genfer Flughafen. Noch wissen hier viele, in welchem Haus die Familie Romand wohnte. | **ÖPNV** Bus 66, Haltestelle Prévessin-Moëns-Mairie | **Tipp** Nach Ferney-Voltaire zog sich der Philosoph Voltaire zurück, nachdem es ihm in seinem Herrenhaus bei Genf zu anstrengend geworden war. Das Schlösschen in der Allée du Château ist 2019 aufwendig renoviert worden und lohnt einen Zwischenhalt (vier Busstationen vor Prévessin-Moëns, Bus 66, Haltestelle Ferney-Voltaire-Mairie).

107 Das Wissenschaftsmuseum

Saussures technisch-poetische Alpenkunde

Das entzückende Museum für Wissenschaftsgeschichte im Mon-Repos-Parc hat gar nicht vor, mit den grossen interaktiven Technikmuseen dieser Welt zu konkurrieren. Denn das klassizistische Häuschen am rechten Seeufer birgt mit seinen Messgeräten aus dem 17. bis 19. Jahrhundert eher Schätze einer poetischen Wissenschaftskunde.

Nur einen seiner Schätze wollen wir hier für Sie exemplarisch heben: Das Cyanometer des grossen Genfer Alpinisten und Naturforschers Horace-Bénédict de Saussure (1740–1799). Er benutzte dieses Gerät – eigentlich nur eine kreisrunde Farbkarte mit bis zu 53 fein abgestuften Blautönen – für seine wissenschaftliche Erstbesteigung des Mont Blanc vom 1. bis 4. August 1787, von der er in seinen »Voyages dans les Alpes« berichtet. Das Cyanometer diente ihm dazu, die Intensität der Himmelsfarbe auf unterschiedlichen Höhenstufen zu messen, indem er die Blautöne mit jenen seiner Farbskala verglich.

Jacques Balmat, dem ein Jahr zuvor die Erstbesteigung des Mont Blanc gelungen war, leitete auch diese Expedition Saussures. 18 Bergführer trugen Lebensmittel, Wein, eine Leiter, ein Zelt und Hygrometer, Barometer, Thermometer bergauf. Am 3. August erreichten sie den Gipfel und blieben dort vier Stunden. Um Punkt zwölf Uhr mittags beobachteten de Saussure auf dem Mont Blanc, sein Sohn auf halber Höhe in Chamonix und ein Freund unten in Genf gleichzeitig mit dem Cyanometer den Himmel, und wahrhaftig: die Farbintensität nahm von oben nach unten deutlich ab.

Erfahrene Bergsteiger werden sich – zurück im Museum – hier aber wohl auch über die Eleganz seiner Expeditionskleidung wundern, über die Halbschuhe mit genagelten Sohlen und seinen Sonnenschutz aus schwarzem Tüll. Und auch Saussures geliebte Alpenlandschaft scheint beim Blick aus dem Fenster nicht mehr weit.

Adresse Musée d'histoire des sciences, Rue de Lausanne 128, 1202 Genf | **ÖPNV** Bus 1, 25 Haltestelle Sécheron; Tram 15, Haltestelle Butini; Taxiboot Mouettes M 4, Anlegestelle de-Chateaubriand | **Öffnungszeiten** täglich 10–17 Uhr, Di geschlossen | **Tipp** Ein Spaziergang durch die umliegenden Parkanlagen ist sehr empfehlenswert. Erfrischungen und gutes Essen gibt es im Restaurant La Perle du Lac, hinter dem Genfs kostenloses Open-Air-Kino im Sommer die Massen anlockt.

108 Der wunderbare Fischzug

Die Geburt des Landschaftsrealismus in der Malerei

Genf ist von hohen Bergen umgeben. Besonders spektakulär ist der Blick auf den strahlenden Mont Blanc, den mit 4.808 Metern höchsten Berg der Alpen. Links daneben fällt ein einzelner pyramidenförmiger Gipfel auf, der 1.863 Meter hohe Môle. Er liegt nur 30 Kilometer von Genf entfernt im französischen Departement Haute-Savoie. Sollte einem das Wetter den Blick auf diese schöne Landschaft verwehren, kann man sie dennoch bewundern: im Musee d'Art et d'Histoire. Bei Camille Corot (um 1842) schwebt der Môle pastellfarben zart über einer spätsommerlichen Wiesenlandschaft mit Bäuerinnen. Immer wieder – 110 Mal – hat auch Ferdinand Hodler die blaue Weite des Genfer Sees mit seinem Kranz von Bergen gemalt. Im Musée d'Art et d'Histoire können wir seine Farbstudien bewundern.

Das erste bekannte Gemälde jedoch, auf dem ein biblisches Sujet in eine real existierende Landschaft eingebettet ist, befindet sich im zweiten Stock des Museums: »La pêche miraculeuse« (Der wunderbare Fischzug) von Konrad Witz, linker Flügel eines vermutlich vierteiligen Altarbilds. Der sogenannte Petrusaltar, auch Genfer Altar, wurde 1444 für die Kathedrale Saint-Pierre gemalt und zeigt Szenen aus dem Leben des Namenspatrons.

Dem reformatorischen Bildersturm zum Opfer gefallen, verbrachten die Tafeln ein paar Jahrhunderte im Genfer Arsenal. Seitdem fehlt das zentrale Bild. Drei der vier 132 x 154 Zentimeter grossen Tannenholztafeln konnten erst im 20. Jahrhundert wieder gezeigt werden. »Der wunderbare Fischzug« ist berühmt für die topografisch genaue Darstellung der direkten Umgebung von Genf: Die mittelalterlichen Pfahlbauten zum Beispiel wurden im Jahr 1850 bei Niedrigwasser wiederentdeckt und stehen nun unter Denkmalschutz. Berühmt ist das Gemälde auch wegen seiner wundervoll gemalten Wasserspiegelungen; im klaren Wasser erkennt man sogar die Reste eines versunkenen Natursteinbruchs.

Adresse Rue Charles-Galland 2, 1206 Genf | **ÖPNV** Bus 7, Haltestelle Musée d'Art et d'Histoire | **Öffnungszeiten** Di–So 11–18 Uhr | **Tipp** Fast als Geheimtipp könnte man das Restaurant Le Barocco im unteren Bereich des Museums bezeichnen. Von aussen nicht einsehbar, ist es, mit seinem Sommergarten im Innenhof und mitten in der Altstadt gelegen, ein besonders angenehmer Ort. Im Barocco darf man auch ohne Museumsbesuch, der übrigens kostenlos ist, speisen (Tel. 022/4182682).

109 Yes to all

Neon-Kunst über den Dächern

»Soll ich noch Geld ausgeben?«, hat der deutsche Künstler Christian Jankowski wie flüchtig in den Himmel geschrieben. Die Passanten, die über Genfs innerstädtische Insel, die Plaine de Plainpalais, spazieren, mit dem Fahrrad, Roller oder Skateboard (es gibt hier den grössten etablierten Skatepark der Stadt) unterwegs sind, an einem der Cafés in der Sonne sitzen oder über den Flohmarkt flanieren, der mittwochs und samstags dort stattfindet, wundern sich über diese Frage. Gerade hier, auf der 78.135 Quadratmeter grossen Freifläche mit dem rötlichen Sand, die durch testamentarische Veranlassung einer alten Genfer Familie den Geldflüssen und damit jeglicher Baumassnahme entzogen wurde, wirkt diese Frage deplatziert. Oder auch nicht, denn als ökonomisch denkender Mensch sind Geldbeutel und Inhalt Konstituenten des Lebens, zumal in einer Stadt, die als eine der teuersten Städte Europas gilt.

Zehn Künstler und Künstlerinnen wurden seit 2006 von einer Fachjury des Genfer Kunstfonds ausgewählt, um ein leuchtendes Kunstwerk auf den Dächern um den rautenförmigen Platz zu realisieren: Sylvie Fleury, Jérôme Leuba, Christian Jankowski, Dominique Gonzalez-Foerster, Sislej Xhafa, Nic Hess, Ann Veronica Janssens, Pierre Bismuth und Christian Robert-Tissot. Darunter auch die Genferin Sylvie Fleury mit dem provokant rosa leuchtenden Slogan: Yes to all.

Das Kunst-im-öffentlichen-Raum-Projekt Neon Parallax bezieht sich auf die von Leuchtschriften gesäumte Genfer Bucht: Die Las-Vegas-isierung Europas, die schon früh im 20. Jahrhundert begonnen hat, ist hier, mit den Leuchtschriften der Firmennamen und Logos der grossen Uhrenfirmen und Hotels, besonders augenfällig.

Die Neonschriften des Plainpalais sind ein einzigartiges Kunstprojekt: So poetisch wie radikal, so enigmatisch wie konzeptionell, schicken sie ihre Botschaften in den Nachthimmel. Leider nur für je zehn Jahre; dann gehen die Lichter wieder aus.

Adresse Plaine de Plainpalais, Avenue du Mail, 1205 Genf | ÖPNV Bus 1, 2, 19, Tram 15, Haltestelle Cirque | Tipp Die Rue de l'École-de-Médecine (liebevoll REM genannt) ist die beliebteste Ausgehmeile der 20- bis 30-Jährigen. Dort reihen sich Bars und Bistros dicht an dicht aneinander.

110 Die Zeder

Die älteste Zeder Europas im Park Beaulieu

Vom Park Beaulieu, diesem riesigen Grundstück, einst im Besitz der Grossbürgerfamilie Sellon, bis zum Park La Grange auf der anderen Seeseite sind es Luftlinie zwar nur 2.000 Meter. Fährt man aber mit dem Fahrrad von einer Zeder zur nächsten, wie es Danya Stasius ein paar Jahre lang mit Gästen tat und so zur Zedern-Kennerin wurde, kann das schon einen ganzen Vormittag dauern.

Im 18. Jahrhundert waren es die neue Weltoffenheit und die Exkursionen der Neugierigen, die auch die Städte veränderten. Bernard de Jussieu, Pariser »Démonstrateur de botanique au Jardin du Roi« (botanischer Berater am Garten des Königs), war mit der Familie des Barons de Sellon befreundet. Frau Stasius erzählt weiter, dass er, von einer Reise aus dem Libanon zurückkehrend, den Zeder-Setzling in seinem Hut nach Paris und schliesslich nach Genf transportierte.

Der Anblick des 1735 gepflanzten Baumriesen verschlägt einem fast den Atem: Nähert man sich, wird er höher und höher, scheint Himmel und Erde zu verbinden. Seine unteren Äste werden als wippende Sitzbänke für Picknicks genutzt, und Kinder und Jugendliche klettern mit Seilen an ihm hoch.

Vier verschiedene Arten gibt es hier – wenn man die Zypern-Zeder als eigene Art zählt. Doch darum schwelt ein botanischer Streit. Neben der Himalaya-Zeder ist die Libanon-Zeder vielleicht die stattlichste. Zu erkennen an ihrer flachen Baumkrone, können diese mythenbehafteten Nadelbäume über 1.000 Jahre alt werden. Dem aus ihnen gewonnenen Öl sagt man Heilkräfte nach, und aus ihrem duftenden Holz wurden Schiffe gebaut, mit denen man sogar in die Unterwelt übersetzen konnte. Im Park La Grange steht ein Nachfahre der vielleicht ersten Zeder Europas, aus einem ihrer Samen gezogen und im Jahr 1800 gepflanzt. Die weiteren etwa 3.500 Genfer Zedern brauchen noch eine Weile, um an die beiden Mutter- und Kind-Zedern heranzureichen, die knapp 28 Meter hoch sind.

Adresse Parc Beaulieu, 1202 Genf | ÖPNV Bus 8, Haltestelle Grottes, von dort durch den Park oder direkt hinter dem Bahnhof von der Place de Montbrillant hinauf durch den Parc des Cropettes, auf die Rue de Beaulieu | Tipp Eines von elf öffentlichen Genfer Kinderschwimmbecken (Pataugeoires de la ville de Genève) liegt im hübschen Parc Beaulieu. Interessant ist auch die Vielzahl an Pflanzungen der unterschiedlichen Garten-Kollektive, die zum Teil in Gewächshäusern untergebracht sind und zu denen auch ein gemeinsamer Hühnerstall mit Freifläche gehört.

111_Der Zoo in Saint-Jean

Als die Affen wild geworden …

In einem jener Sommer der 1930er Jahre, die Europa dem Krieg näherbrachten, sassen Affen in den mächtigen Kastanien der Domäne von Châtelaine – am Weg hinab bis zum Landsitz der Familie Vieusseux. Sie zankten und schrien bis spät in die Nacht und verteilten sich, 50 an der Zahl, während der nächsten Tage im ganzen Stadtviertel von Saint-Jean. Durch die Unaufmerksamkeit der Wächter und einen Streich der Jungs aus dem Quartier war den Affen am 18. Juli 1935 die Flucht aus ihren hybriden Behausungen gelungen. Und so versammelten sich Rhesusäffchen und Paviane an der Kreuzung Rue du Beulet/Avenue De-Gallatin, überfielen Frauen beim Einkauf, rupften die Enten am Gutshaus und machten sich über das Frühstück auf den Balkons der Umgebung her.

Trotzdem war die Trauer gross, als die Stadtverordneten dem Privatzoo und seinem leidenschaftlich engagierten Betreiber Henri Larsen Ende 1940 die Betriebserlaubnis entzogen. Immer wieder hatte es Futtersammlungen im Viertel gegeben, um das chronisch unterfinanzierte Unternehmen und sein Tiervölkchen am Leben zu halten. Unendlich die Abenteuer, von denen Arthur Progin, der Restaurantbesitzer im Zoo, zu erzählen wusste: Die Tiere hatten bei ihm freien Eintritt, Saphir, der Elefant, zog an einer Tischdecke mit 800 Gläsern, und irgendwann fingen die Papageien an zu schreien: »Marie au téléphone!«

Nach fünf Jahren wurde der Tierpark aufgelöst. Nur noch ein Mäuerchen aus querliegenden Betonplatten linkerhand der Domäne erinnert an Genfs Zoo-Abenteuer. Das Gutshaus hingegen bietet noch heute der Stadtverdichtung am rechten Rhône-Ufer die Stirn. Sein Anblick von unten über den hauseigenen Weinberg hinweg lohnt allemal und verweist auf das Landleben der wohlhabenden Genfer im 18. und 19. Jahrhundert. Der Wein La Châtelaine de Genève wird hier aber nicht mehr selbst gekeltert, sondern nach Satigny, in die Domaine du Paradis, verbracht.

Adresse Avenue d'Aïre 73, 1203 Genf | ÖPNV Bus 7, 9, Haltestelle Camille-Martin. Die alte Mauer des Zoos bildet heute die linke Abgrenzung der Domaine de Châtelaine. In Fahrtrichtung weiter geht links hinter der Avenue d'Aïre 95 der Chemin Michée-Chauderon ab, der zum Rhône-Spazierweg, dem Sentier des Falaises, führt. Nach 300 Metern haben Sie einen nahezu unverstellten Blick auf das Gut. | Tipp Diesen Spaziergang um das Anwesen Châtelaine herum widmen Sie damit zugleich auch dem Andenken an Michée Chauderon, die in Genf 1652 als letzte »Hexe« verbrannt wurde. Die Hexenverfolgung in der Schweiz war die schlimmste in ganz Europa – vier Prozent der Bevölkerung fielen ihr zum Opfer, übrigens auch viele Männer.

1
FRANKREICH
Ferney-Voltaire
106
Saint-Genis-Pouilly
91
3
Meyrin
Cointrin
A1
Satigny
Vernier
Châtelaine
81
23
Dardagny
Le Rhône
Aire-la-Ville
Russin
71
A1
Onex
La Plaine
2
SCHWEIZ
Cartigny
Bernex
Confignon
Avully
Plan-les-Ouates
Sézenove
Lully
17
Arare
Laconnex
Avusy
Bardonnex
Sézegnin
Soral
Saint-Julien-en-Genevois
A40
N
0
800 mm
FRANKREICH
A41
Neydens
Viry

90
Bellevue
Collonge-Bellerive
2
A1
Meinier
Chambésy
Vésenaz
Le Grand-Saconnex
SCHWEIZ
Le Petit-Saconnex
Choulex
Vandœuvres
Cologny
11
Les Pâquis
4
Puplinge
Les Eaux-Vives
Le Rhône
GENF
61
69
Plainpalais
Chêne-Bougeries
Ambilly
Annemasse
Les Acacias
Champel
Thônex
56
84
Lancy
Carouge
Gaillard
Étrembières
L'Arve
Grand-Lancy
A40
37
Mornex
Veyrier
Troinex
Monnetier
28
Bossey
A40
Esserts-Salève
Ésery
15
Collonges-sous-Salève
Archamps
FRANKREICH
La Muraz
77

3
4
Route de Ferney
Route de Lausanne
Le Petit-Saconnex
Parc Trembley
Parc Beaulieu
Rue Pestalozzi
Les Pâquis
Châtelaine
Route de Meyrin
Haupt-
bahnhof
Le Rhône
GENF
Les Eaux-Vives
Route de Malagnou
Plainpalais
Les Acacias
Voie Centrale
Route des Acacias
Champel
L'Arve
Lancy
Carouge
Grand-Lancy
N
0
350 mm
6
88
105
68
98
97
57
9
34
107
67
103
101
50
49
54
89
102
12
95
111
82
3
85
100
55
60
25
93
35
21
59
86
16
99

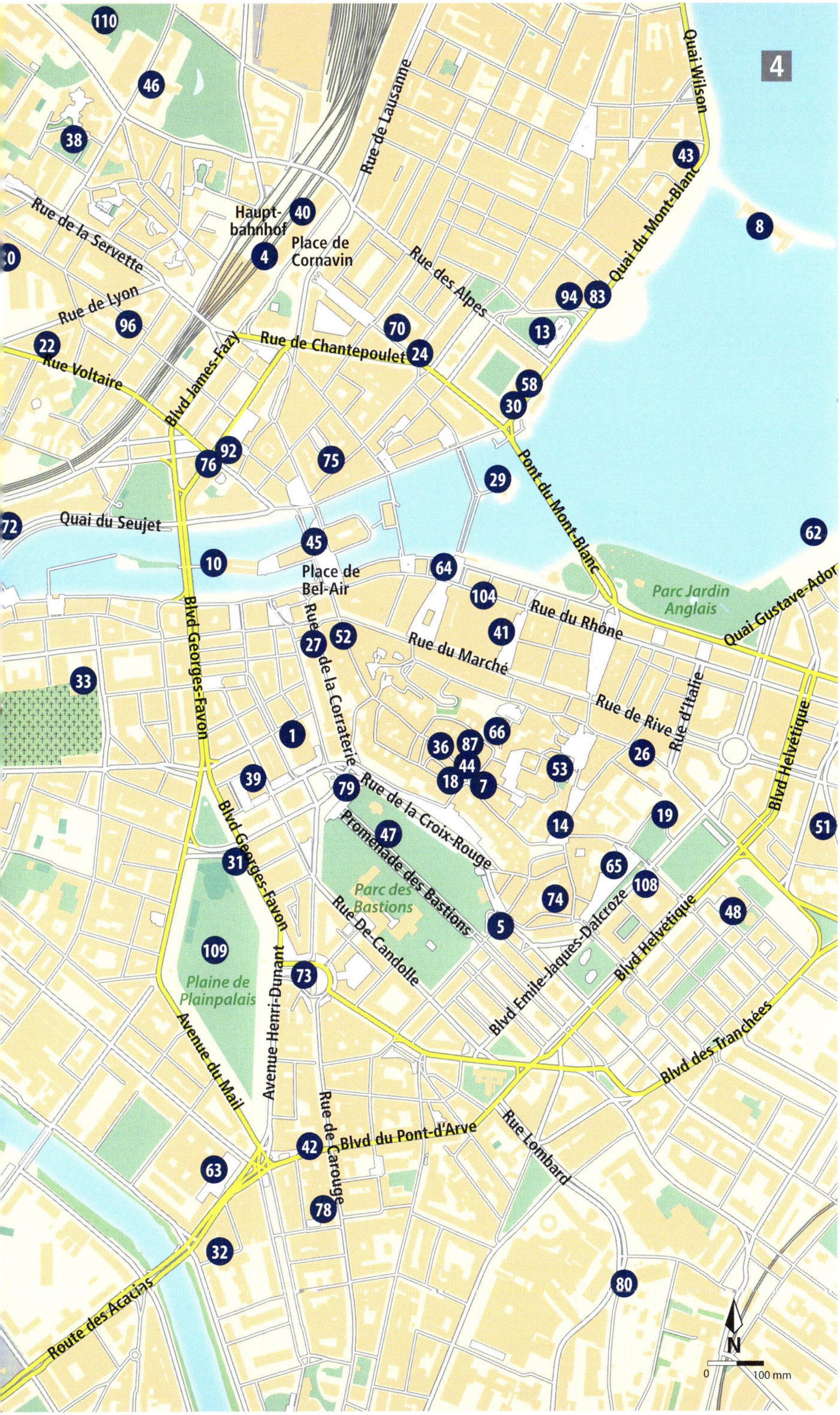
4
Haupt-
bahnhof
Place de
Cornavin
Rue de la Servette
Rue de Lyon
Rue Voltaire
Rue de Lausanne
Rue des Alpes
Quai Wilson
Quai du Mont-Blanc
Rue de Chantepoulet
Blvd James-Fazy
Pont du Mont-Blanc
Quai du Seujet
Place de
Bel-Air
Rue du Rhône
Parc Jardin
Anglais
Quai Gustave-Ador
Rue du Marché
Rue de la Corraterie
Rue de Rive
Rue d'Italie
Blvd Georges-Favon
Rue de la Croix-Rouge
Promenade des Bastions
Parc des
Bastions
Rue De-Candolle
Blvd Emile-Jaques-Dalcroze
Blvd Helvétique
Plaine de
Plainpalais
Avenue Henri-Dunant
Avenue du Mail
Rue de Carouge
Blvd du Pont-d'Arve
Rue Lombard
Blvd des Tranchées
Route des Acacias
N
0
100 mm
110
46
38
40
4
43
8
96
22
94
83
13
70
24
58
30
92
76
75
29
72
10
45
62
64
104
41
27
52
33
1
66
36
87
44
18
7
53
26
39
79
47
14
19
51
31
65
108
74
5
48
109
73
42
63
78
32
80

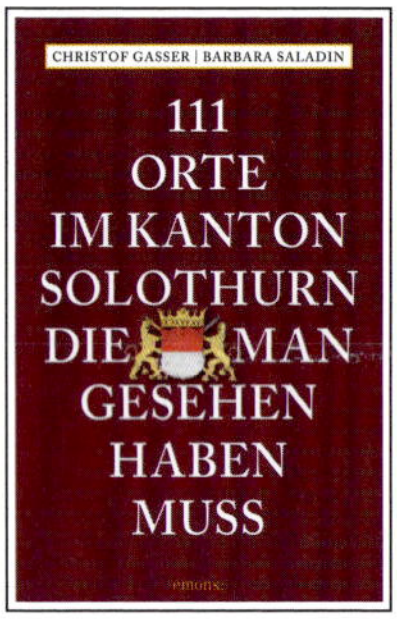

Christof Gasser, Barbara Saladin
111 Orte im Kanton Solothurn, die man gesehen haben muss
ISBN 978-3-7408-0975-1

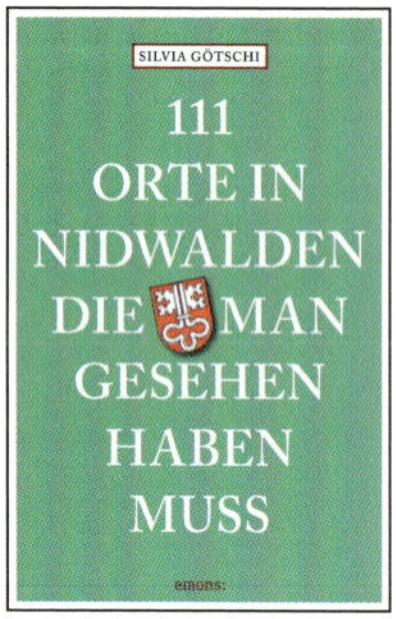

Silvia Götschi
111 Orte in Nidwalden, die man gesehen haben muss
ISBN 978-3-7408-0566-1

Nina Kobelt, Silvia Schaub
111 Orte rund um den Säntis, die man gesehen haben muss
ISBN 978-3-7408-0550-0

Sonja Muhlert, Adrian Künzi
111 Orte in und um Biel/Bienne, die man gesehen haben muss
ISBN 978-3-7408-0340-7

Corinne Päper, Georg Holubec
111 Orte in Winterthur, die man gesehen haben muss
ISBN 978-3-7408-0237-0

Marcus X. Schmid, Michel Riethmann
111 Orte in Luzern und rund um den Vierwaldstättersee, die man gesehen haben muss
ISBN 978-3-7408-0866-2

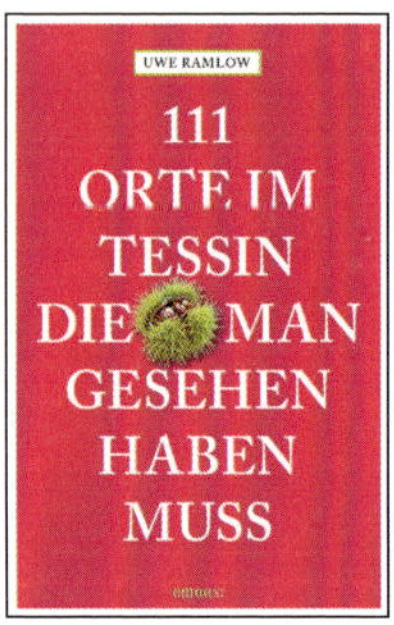

Uwe Ramlow
111 Orte im Tessin, die man gesehen haben muss
ISBN 978-3-95451-840-1

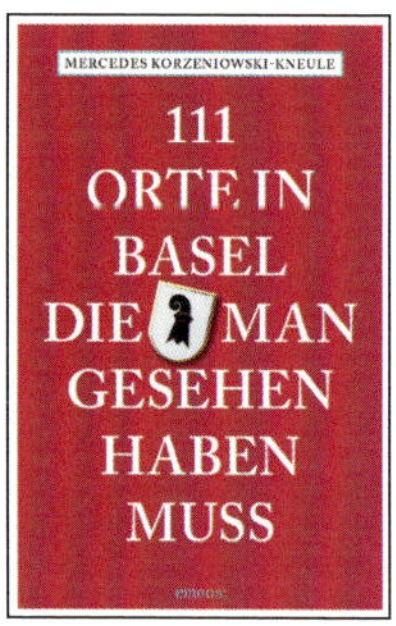

Mercedes Korzeniowski-Kneule
111 Orte in Basel, die man gesehen haben muss
ISBN 978-3-95451-702-2

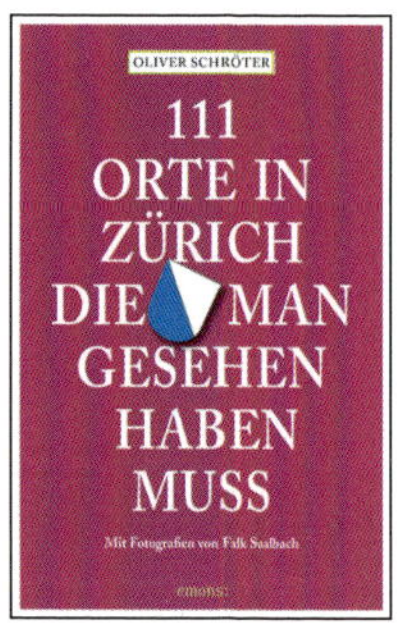

Oliver Schröter, Falk Saalbach
111 Orte in Zürich, die man gesehen haben muss
ISBN 978-3-95451-538-7

Sybil Canac, Renée Grimaud, Katia Thomas
111 Orte in Paris, die man gesehen haben muss
ISBN 978-3-95451-847-0

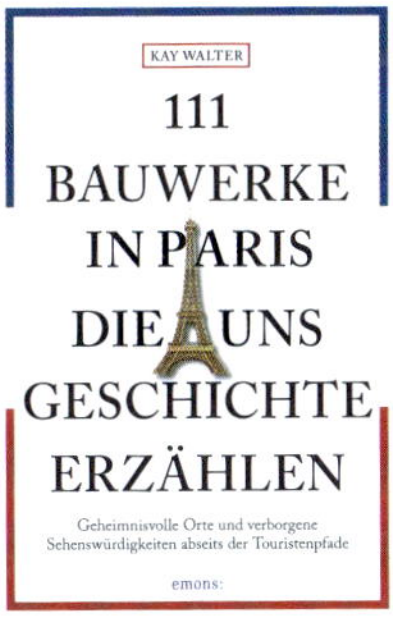

Kay Walter
111 Bauwerke in Paris, die uns Geschichte erzählen
ISBN 978-3-7408-0691-0

Ralf Nestmeyer
111 Orte in der Normandie, die man gesehen haben muss
ISBN 978-3-95451-839-5

Barbara Krull
111 Orte im Elsass, die man gesehen haben muss
ISBN 978-3-95451-596-7

Ralf Nestmeyer
111 Orte an der Côte d'Azur, die man gesehen haben muss
ISBN 978-3-95451-563-9

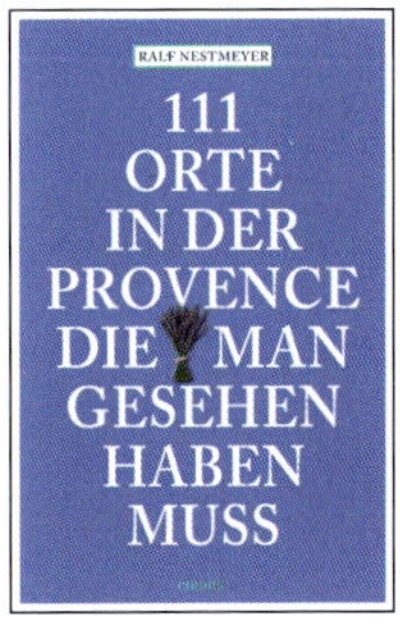

Ralf Nestmeyer
111 Orte in der Provence, die man gesehen haben muss
ISBN 978-3-95451-094-8
Sybil Canac, Renée Grimaud, Katia Thomas

Text- und Fotonachweis:
Ort 1, 3, 8, 12, 15, 16, 22, 25, 27, 32, 35, 38, 44, 47, 49, 51, 55, 60, 67, 68, 82, 95, 96, 108, 109, 110: Katharina Hohmann

Ort 4, 20, 21, 23, 24, 26, 28, 30, 31, 33, 39, 40, 43, 45, 48, 50, 57, 58, 62, 63, 64, 65, 66, 69, 70, 73, 75, 76, 77, 79, 83, 84, 85, 86, 89, 92, 99, 101, 103, 107: Ambroise Tièche

Ort 2, 5 unten, 6, 7, 9, 10, 11 oben, 13, 14, 17, 18, 19, 29, 34, 36, 37, 41, 42, 46, 52, 53, 54, 59, 61, 71, 72, 74, 78, 80, 88, 90, 91, 93, 94, 97, 98, 100, 102, 104, 105, 106, 111: Fritz von Klinggräff

Nicht immer haben wir in den Wörtern und Sammelbegriffen für all die unzähligen Menschen aus Genfs Jahrtausenden, über die wir hier schrieben, diese in ihrer Vielgeschlechtlichkeit und jeweiligen Andersheit angemessen gewürdigt. Doch auch wenn sie im Schriftbild einmal nicht zur Erscheinung kommen, sei ihnen an dieser Stelle unsere Zuneigung ausgesprochen.

Ambroise Tièche dankt:
Yves Christen und Michèle Freiburghaus-Lens für den umstandslosen Zugang zu den ikonographischen und schriftlichen Quellen des städtischen Fonds für zeitgenössische Kunst der Stadt Genf; Nurhayat Freeman, der mir den Zugang zur Passage von Monetier ermöglicht hat; Gilles Hernot für seine Grosszügigkeit während meiner Forschungsarbeiten im Museum für Wissenschaftsgeschichte; Marion Innocenzi und Sixto, die mich im Cave12 herzlich aufnahmen; Hafid Ouardiri für seine wertvollen Informationen über die Entstehung der Genfer Moschee und Maud Pollien, die mir mit ihrer fundierten Kenntnis der Genfer Alternativszene die direkten Begegnungen in der Usine und im Cave12 erst ermöglichte.

Katharina Hohmann dankt:
Insa Hohmann für das akribische Lektorat; Danya Stasius für die Auskunft zu den Zedern sowie Vincent Thévenaz und Martine Hahn für den gemeinsamen Besuch im Collège Claparède und das Anspielen der Mighty Wurlitzer.

Fritz von Klinggräff dankt:
Den Stadtführerinnen am Genfer Stadtmodell für ihre wichtige ehrenamtliche Arbeit; Flávio Borda D'Água, dem Konservator im Musée Voltaire, für seine Einführung ins Stadtarchiv; Christian Huber von der Groupe Ornithologique du Bassin Genevois (gobg) für seine Milan-Expertise; Carolina Hohmann für einen schönen Spaziergang und ein gelungenes Foto der Bank der Liebenden; besonders den Kolleg*innen und Kursteilnehmer*innen (namentlich Emmanuelle Gabioud, accompagnatrice en montagne) am IFAGE (Institut pour la formation des adultes, Genève) für ihre zahlreichen Hinweise und Tipps.

Katharina Hohmann (Jahrgang 1964) ist Künstlerin, Ausstellungsmacherin und Lehrende. Sie leitet seit 2007 den Studiengang Option Construction an der Haute École d'Art et de Design, HEAD – Genève. Sie war von 1999 bis 2005 künstlerische Mitarbeiterin der Fakultät Gestaltung an der Bauhaus Universität in Weimar.

Ambroise Tièche (Jahrgang 1966) ist Künstler und seit 2006 Lehrer an der Haute École d'Art et de Design, HEAD – Genève. Studium an der Ecole Nationale Supérieure d'Arts Visuels, La Cambre in Brüssel, ESAV in Genf und an der Universität Genf.

Fritz von Klinggräff (Jahrgang 1959) ist Autor und Journalist in Genf. Ausserdem arbeitet er als Deutschlehrer an der Genfer Stiftung für Erwachsenenbildung Ifage und als Leiter des hiesigen Goethe-Prüfungszentrums.